EXTRAIT DE LA *REVUE DE L'ANJOU*

FIEFS

DU

COMTÉ D'ANJOU

AUX XIVE ET XVE SIÈCLES

PAR

G. D'ESPINAY

ANCIEN CONSEILLER A LA COUR D'APPEL

PRÉSIDENT HONORAIRE DE LA SOCIÉTÉ D'AGRICULTURE, SCIENCES ET ARTS

ANGERS

GERMAIN & G. GRASSIN, IMPRIMEURS-LIBRAIRES

40, rue du Cornet et rue Saint-Laud

—

1900

FIEFS

DU

COMTÉ D'ANJOU

AUX XIVᵉ ET XVᵉ SIÉCLES

EXTRAIT DE LA *REVUE DE L'ANJOU*

FIEFS

DU

COMTÉ D'ANJOU

AUX XIVe ET XVe SIÈCLES

PAR

G. D'ESPINAY

ANCIEN CONSEILLER A LA COUR D'APPEL

PRÉSIDENT HONORAIRE DE LA SOCIÉTÉ D'AGRICULTURE, SCIENCES ET ARTS

ANGERS

GERMAIN & G. GRASSIN, IMPRIMEURS-LIBRAIRES

10, rue du Cornet et rue Saint-Laud

—

1900

FIEFS DU COMTÉ D'ANJOU

AUX XIVE ET XVE SIÈCLES

Nous publions une liste des fiefs qui relevaient des comtes d'Anjou aux xive et xve siècles, d'après des documents appartenant aux archives nationales. Ces documents proviennent de l'ancienne chambre des comptes d'Anjou, dont les archives ont été transférées à Paris dès le règne de Charles VIII, lors de la suppression de ladite chambre. Ils ne concernent que les hommages et les aveux rendus pour les fiefs mouvant directement du comté, soit à raison des châteaux d'Angers, de Saumur, de Baugé, soit à raison de diverses grandes baronnies ou châtellenies réunies au domaine comtal et appartenant en propre au duc ou comte d'Anjou. Mais il s'en faut de beaucoup que la liste des fiefs directs que nous donnons ici soit complète ; il y manque un grand nombre de noms et bien des aveux ont dû disparaître [1].

Pour établir la carte féodale de l'Anjou, il faudrait, en outre, relever les aveux rendus aux barons angevins par leurs propres vassaux ou arrière-vassaux du comte. Les

[1] La bibliothèque de la ville d'Angers possède plusieurs manuscrits relatifs aux fiefs d'Anjou. Le ms. 911 contient un inventaire des lettres, chartes, aveux et dénombrements... trouvés en la chambre des comptes d'Anjou (xvie siècle). — Le ms. 912 est un inventaire des titres du duché d'Anjou (xviiie siècle). — Le ms. 917 renferme un recueil ou collection d'aveux du comté d'Anjou de diverses époques.

archives de Maine-et-Loire possèdent une collection d'aveux considérable encore, malgré toutes les causes de destruction, guerres, incendies, révolutions, qui ont anéanti tant de documents précieux. Ces titres féodaux de nos archives sont le plus souvent des aveux et déclarations rendus aux seigneurs angevins par leurs vassaux. La collection angevine ne possède qu'un petit nombre d'aveux domaniaux rendus au comte ou au roi par les vassaux directs du comté [1]. La collection de la chambre des comptes et celle des archives de Maine-et-Loire se complètent donc l'une par l'autre et ne font pas double emploi, du moins pour la plupart des documents.

La liste que nous publions ici nous a été communiquée par M. Beautemps-Beaupré, conseiller honoraire à la Cour de Paris, qui a déjà consacré tant de travaux importants à l'histoire du droit angevin [2]. Nous sommes heureux de le remercier de sa bienveillante communication [3].

Ce document se divise en deux parties :

1° La liste des hommages ;

2° Celle des aveux.

---

[1] La série C comprend, sous la rubrique *Bureau des finances*, un certain nombre d'aveux et déclarations rendus au roi pour divers fiefs et censives relevant du domaine royal dans les ressorts d'Angers, Baugé, Beaufort, Montfaucon et Saumur. — La série E comprend, sous la rubrique des diverses baronnies, châtellenies et seigneuries d'Anjou, les aveux rendus à ces seigneuries pour les fiefs et les censives qui en relevaient, l'énumération des droits seigneuriaux perçus sur les fiefs inférieurs et sur les censives, sur les vassaux et sujets, et, en outre, les terriers et registres féodaux. On y trouve aussi quelquefois des aveux rendus au roi par les barons angevins, mais ces derniers titres sont rares. Cette vaste collection a été classée par M. C. Port, le savant archiviste de Maine-et-Loire, qui en a dressé le catalogue.

[2] *Institutions de l'Anjou et du Maine*, coutumes et styles, 4 vol. in-8°. — *Organisation judiciaire de l'Anjou et du Maine*, 4 vol. in-8°, et plusieurs autres publications.

[3] La liste qu'a bien voulu nous communiquer M. Beautemps-Beaupré renferme à la fois les noms des fiefs d'Anjou et ceux des fiefs du Maine. La partie concernant cette province doit paraître dans la *Revue historique du Maine*, sous la direction de M. le marquis de Beauchêne, l'un de ses vice-présidents.

Il faut observer toutefois qu'il n'y a pas toujours entre elles une parfaite concordance.

Nous nous sommes servi pour établir la concordance des noms anciens avec ceux des localités actuelles : pour le département de Maine-et-Loire, du *Dictionnaire historique* de M. C. Port ; pour le Loudunais et le Mirebalais, du *Dictionnaire historique de la Vienne* de M. Redet, et, pour le Richelais, du *Dictionnaire géographique* de M. Carré de Busserolles. Malgré nos recherches, il est resté un certain nombre de noms de localités dont nous n'avons pu établir l'identité.

Les notes placées au bas des pages indiquent les communes où sont situées les localités désignées au texte. Le tableau placé à la fin indique les cantons et les départements dont dépendent ces communes. Lorsque la localité ou paroisse désignée au texte ne présente pas de difficulté et que le nom s'applique à une commune actuellement existante, nous n'avons pas mis de note spéciale et le lecteur voudra bien se reporter immédiatement au tableau final.

L'ancien Anjou féodal s'étendait non seulement sur le département actuel de Maine-et-Loire, mais il comprenait, en outre, un assez grand nombre de paroisses comprises dans les départements actuels de la Sarthe, la Mayenne, l'Indre-et-Loire, la Vienne et même les Deux-Sèvres et la Vendée. Nous avons dû comprendre ces diverses paroisses dans le tableau des communes.

Ce travail était à peine terminé que la mort est venue frapper le savant magistrat auquel nous devons les documents qui ont servi à le composer. Il emporte avec lui les regrets de tous les amis des études historiques angevines. Nul mieux que lui n'a fait connaitre les coutumes anciennes et les institutions judiciaires de notre province.

I

Hommages [1]

Ce sont les hommages receuz par noble princepsse Marie, royne de Jhérusalem et de Secile, duchesse d'Anjou et contesse du Maine, ayant le bail, garde et administracion de Loys, roi desdiz royaumes, et de Charles, ses enffans emprès le trespassement de noble prince le roy Loys son mary et leur père, pour tant que len treuve avoir esté receu par ladicte royne ès an CCCIIII[XX] VII et CCCIIII[XX] VIII, selon le papier baillé par ses secrétaires en la chambre de ses comptes à Angiers, ès quieux papiers len na mie trouvé touz les homenages ains y a très grant faute.

Et premièrement :

Angiers et le ressort :

La dame de Craon, — baronnie et appartenances de Craon, comprenant les chasteaux et chastellenies de Chantocé et d'Ingrandes; chasteau, ville et chastellenie de Chastelneuf-sur-Sarthe ;

Olivier, sieur de Cliczon, — chastellenie, terre et appartenances de Montfaucon, chastellenie et terre de Belleville [2]; la Roche-sur-Yon qu'il tient à vie du don du feu roi de Sicile ;

Pierre, sieur de Mathefelon, — chastellenie de Mathefelon et de Durestal [3];

---

[1] Archives Nationales; chambre des comptes d'Anjou. P. 1334[1]; n° 6, f°s 70 et suiv. — Depuis l'époque où ces notes ont été prises, il y a eu une modification dans le classement de ces pièces aux archives ; les n[os] cités ici appartiennent à l'ancien classement.

[2] Belleville, commune de Saint-Pierre-Monlimart. — Cliczon, lisez Clisson.

[3] Mathefelon, commune de Seiches. — Durestal, voir Durtal.

— 5 —

Brient, sieur de Motejehan, — chastellenie de Motejehan [1] ;

Brient, sieur de La Haye-Jolain, — chastellenie de La
Haye-Jolain ; les deux parties de la vaerie, justice et
chemins de Béconnoys ; — chastellenie de Sauterre, — de
Savonnières, pour tant qu'il en a en le duché, — forêt du
Fouilloux [2] ;

Jehan de Chasteaubrient, sire de Chalain, — chastellenie
de Chalain, excepté les grans chemins qu'il avoue à tenir
d'autres [3] ;

Jehan des Roches, chevalier, — chastellenie de Beau-
preau ; terre de Brain-sur-Aution ;

Hardy de la Porte, chevalier, — fief de Vezins ;

Brient de Coesmes, chevalier, — terre et appartenances
de Gobiz (?) [4] ;

Dame Jabeau de Cliczon, — terre et chastellenie de
Bellenoue, et appartenances en la paroisse de Petit-Paris [5] ;

Guy Amenard, — terre du Boulay et ses appartenances [6] ;

Jean de Coulaines, chevalier, — son hostel de la Possonnière et partie de la ville et de sa haute justice, terre et
garenne de la Possonnière ; sceaux des contrats ;

Jean de L'Isle, chevalier, — le grand Montreveau ;

Jehan Guinenier, autrement dit Milhommes, — choses
et appartenances de l'apentiz Relion, près la Fouacière [7] ;

[1] Montjean, commune.

[2] La Haye-Joullain, commune de Saint-Sylvain. — Sauterre pour
Sautré (*Sautereium*), commune de Feneu. — Savonnières pour Saven-
nières, commune. — Béconnays, territoire de Bécon. — La forêt du
Fouilloux s'étendait sur les paroisses de Beaucouzé, Saint-Martin,
Bouchemaine et Savennières (*Dict. Hist.* de C. Port, art. *Fouilloux*).

[3] Chalain ou Chalain-la-Potherie, commune.

[4] Gobiz ou Goubiz, aujourd'hui Gouis, commune de Durtal (Port).

[5] Belle-Noue, commune de Saint-Martin-du-Fouilloux. Petit-
Paris (id.).

[6] Le Boulay (?) Plusieurs localités de ce nom en Anjou, notamment
à la Chapelle-sur-Oudon et Bourg-d'Iré (Port).

[7] La Fouassière, commune d'Andard. — L'Appentis-Relion, com
mune d'Angers (Port, art. *La Pantière*).

Pierre de Mesières, — féage appelé l'Essart avec telle justice comme il y a [1];

Guy de Laval, sire de Passy, — terre de Chalonge, près Chastellays; terre et vignes de Tournebelle, près Angers [2];

Hommages simples du duché d'Anjou au ressort d'Angers :

Jehan Hardoul, — L'Anglecherie [3];

Hommages liges de la chastellenie de Chastoceau :

Olivier, sire de Cliczon, — ce que lui et ses prédécesseurs ont en ladite chastellenie ;

Macé Baraton, — ce qu'il tient des choses qui furent du Plessis-de-Lande-de-Mons [4];

Guillaume Cottereau, — La Mélatière [5];

Guillaume de Beaumanoir, — hostel du Plessis-de-Lande-de-Mons ;

Jean Pentin, Jehan de Bain, — les choses qu'ils tiennent en ladite chastellenie ;

Jehanne Chaperonne, à cause de ses enfants, — l'isle de Chapouin et la Course en la garenne de Chasteauceaux et telle justice qu'elle a au dedenz de ladicte chastellenie [6];

Robin de Bloys, — les choses qu'il tient ;

Jehanne de La Baclesche, — hostel de La Boyvère (?) [7];

Morelet de Wyssant, à cause de sa femme, — haute

---

[1] Plusieurs localités de ce nom.

[2] Châtelais, commune de Segré.— Tournebelle, commune d'Angers (voir Port, art. *Chalonge* et art. *Tournebelle*).

[3] L'Angleucherie, commune d'Aviré, appartenait à Colin Hardoul, en 1452 (voyez Port).

[4] Landemont, commune de Chantoceaux.

[5] Plusieurs localités du nom de Meltière en Anjou.

[6] Ile Chapouin, commune de La Varenne, canton de Chantoceaux (voir Port. art. *Chapouin*). — Ne pas confondre avec Varenne-sur-Loire).

[7] La Boyvère (?) — Des localités du nom de La Boiverie, communes de Bourgneuf et de Saint-Quentin-en-Mauges (Port).

justice et vaerie de sa garenne et la moitié du port d'Ancenis.

Hommages simples de Chasteauceaux :
Jehan Chaperon, — les choses qu'il tient... ;
Brient de La Jaille, — une maille de rente qu'il a sur
Loire sur chascun muy, sans aucune redevance ;
Jehan de Savonnières, — dismes et quars qu'il a en la
paroisse de Chasteauceaux et de La Varenne ;
Guillaume Laugot, — les choses qu'il tient en la paroisse
du Feillet [1] ;

Hommages liges du ressort de Saumur :
Béatrix de Craon, dame de Maulévrier, comme bail de
Jehan, son fils, — chastel et chastellenie de Maulévrier,
justice et jurisdiction ; — ce qu'elle tient en la ville et
chastellenie de Trèves, ville de Poilleouailles et de Riche-
bourc-sur-Loire ; — le Toureil ; — ce qu'elle a à Cursay
avec sa justice [2] ;
Et sont les choses dessus dictes en plusieurs ressors,
Angers, Saumur, Loudun ;
Guillaume de Craon, vicomte de Châteaudun, — chastel
et chastellenie de Moncontour et de Montsoreau ;
Jehan de Chasteaubriant, — fief, terre et appartenances
de l'Estanc de Jennes [3] ;
Guy Amenart, — chastellenie de Sernusson [4] ;
Ysabel, dame de Ramefort, — LXII l. x. s. t. de rente sur
la boiste et prévosté de Saumur, fourrages de la Monce-
lière, coustumes et chemins de Chalain et de Chanzeaux [5].

[1] Le Fuilet, commune.

[2] Trèves, commune de Trèves-Cunault. — Poilcouailles, probablement Pellouailles, commune (Port). — Richebourg-sur-Loire,
commune du Toureil.

[3] Commune de Gennes.

[4] Cernusson, commune.

[5] La Moncelière, commune de Chaudron.

La même, comme bail des enfants de son mariage avec Regnault d'Ancenis, — appartenances de Distré, de Minac et d'emprès et sur les ponts de Saumur [1];

Pierre de Bomaye, — terre et appartenances de Bomaye [2];

Loys l'Archevêque, sire de Taillebourg, comme bail, — chastel et chastellenie de Passavant, — *idem* de Brechessac [3];

Jehan d'Aubigny, — hostel et appartenances de Munac; — terre du Coudray [4];

Marie, fille de feu Pierre Bessonneau, — hostel de L'Homme-Herve [5];

Nicolas de Tigné, — terre de Bourreau [6];

Thiephaine de Huczon, femme de Raoul de Meullent, — terre de Blazon [7];

Jehan Joscelin, homme-lige à cause du féage de la Pasticière de Saumur, et doit fournir les prinsons de fers et ferrer les prinsonniers de la Tonnelle de Saumur [8];

Nicolas Provost, — Saumoussay [9].

Hommages simples de Saumur :

Estienne Savary, — hostel du Coudray, pour tant qu'il en tient au ressort de Montsoreau ;

Baudoin de Vallée, — une maille de rente qu'il prend

[1] Minac (?) p. e. Munet, commune de Distré (voir Port) ; emprès, pour *auprès, aux environs.*

[2] Probablement Bomois ou Boumois, commune de Saint-Martin-de-la-Place (voir Port).

[3] Brechessac, pour Brissac.

[4] Munac, pour Munet (voir ci-dessus) : — Le Coudray-Macouard, commune (voir Port, art. *Munet*).

[5] Voir, dans Port, aux mots Les Hommeraies et Les Hommelaies (?).

[6] Grange-Boureau, commune de Saint-Lambert-des-Levées.

[7] Blaison, commune.

[8] La Pasticière (?) ; — La Tonnelle, rue et porte de Saumur donnant jadis sur les anciens ponts de la Loire, aujourd'hui détruits.

[9] Saumoussay, communes de Saint-Cyr-en-Bourg et de Chacé.

sur tous bateaux chargez passans par la rivière de Loire, sans aucun devoir.

Les hommages liges du ressort de Baugé :

La dame de la vieille Moliherne (Jeanne de Maillé), — la vieille Moliherne [1] ;

Marguerite des Roches, — le pressoir de Montigny [2] ;

Hormeur des Bains, dame de Molins, — herbergement de Septaignes [3] ;

Jeanne de La Barre, — hostel de La Motte, paroisse de Pontigné ;

Geoffroy de La Rochebouée, — une sergenterie fayée sans devoir, fors loyaument la servir ;

Estienne Beauvoir, — *idem ;*

Geffroy de Chemens, — herbergement de l'Uguetière, au ressort de Pontigné ;

Jehan du Bois-Lanfroy, — hostel et appartenances de Bois-Lanfroy, paroisse de Lassé [4] ;

Sainxe la Tourbillière, fame lige à cause de sa sergenterie fayée, à devoir de la desservir, ou faire desservir deuement pour touz devoirs ;

Huet Lebrun, — sa terre de La Ville-au-Fourrier [5] ;

Jehan d'Auxigné, — son hostel de Lavau-Festu [6] ;

Marguerite la Bessermelle, — justice de la Baferrière et de la Garenne, et Refuy et franchise de ses hommes d'icelluy lieu [7] ;

Jehan de Janvres, — féage de la Chargerie (?) [8] ;

---

[1] Mouliherne, commune.

[2] Montigny-les-Rairies, commune.

[3] Setaignes, commune de Montreuil-sur-Loir.

[4] Lasse, commune.

[5] La Ville-au-Fourrier, commune de Vernoil-le-Fourrier.

[6] Lavau–Fêtu, commune de Durtal.

[7] La Bafferie ou la Bafferrière, commune de La Pèlerine ; — La Garenne, p. e. La Garenne, commune de Seiches : — plusieurs autres localités du même nom ; — Refuy (?).

[8] La Chargerie (?).

Jehan, sire de Sermaises, — feures et avenages de Sermaises et de la Gamberaie [1] ;

Jehan de la Haye, — herbergement de la Haye, de la justice et des choses de Chemiré dépendantes dudit herbergement [2] ;

Jehan Landri, — sergenterie fayée qu'il a acquise de Guillaume du Gaut ;

Thibault Le Masle, — herbergement de Champaignes, avec sa justice [3] ;

Jehan Morigan, — herbergement et appartenances de la Grilardière [4] ;

Fouquet Guiet, — certaines choses qu'il tient en la ville de Baugé à devoir de mener les prinsonniers qui sont prins au ressort de Baugé, à Angiers ou à Saumur ;

Jehan Bossillon, — *idem ;*

Josselin Sarrazin, — bois Josselin et la justice haute, basse et moyenne, et bois segreaux de la paroisse de Chemiré [5] ;

Aymeri de Mareuil, — hostel de Mareuil [6] ;

Jehan de Chaources, — hostel et appartenances de Perrenay (?) [7] ;

Jehan Le Mareschal, — sa haulte justice, moyenne et basse qu'il a au terrouer de Baugé, apelée le Tail, et de sa justice et cens qu'il a à Baugé [8] ;

Jehan des Roches, — chastellenie de Jarzé ; — *idem* de Longué ; — usage de la forest de Monnois [9] ;

---

[1] La Gamberaie (?).

[2] Chemiré-sur-Sarthe.

[3] Plusieurs localités ont porté le nom de Champagne ou Champagné en Anjou. — Une famille Le Masle a habité Baugé au XVIe siècle (Port).

[4] La Grillardière, commune du Vieil-Baugé.

[5] Chemiré-sur-Sarthe, commune.

[6] Mareuil, probablement Mareil, commune de Vernantes (Port).

[7] Perrenay (?), p. e. Parnay (?) ; — Chources, commune d'Ambillou (Port).

[8] Le Theil ou le Thail, commune du Guédeniau.

[9] La forêt de Monnais s'étendait sur les paroisses de Jumelles, Mouliherne et Vernantes (Port).

Guillaume Malet, — Herbergement et appartenances de Maillière [1] ;

Mabile de Maulévrier, femme de Miles de Mathas, — terre et appartenances du Val-de-Moliherne, — usage à elle et à ses hommes en la forest de Monnois ;

Jehan de…, à cause de sa femme, — hostel de La Foresterie et appartenances [2] ;

Simon, sire de Parpacé [3], — son hostel de Baugé, — le quart des moulins de Baugé ;

Jehanne de Maudon, — terre et appartenances de Maudon (?) ;

La dame de Verrières, — bois segréaux èsquels le seigneur prend le tiers ;

Pierre de Rabouan, — le fief Botart (?) au devoir de garder les larrons qui sont prins en la forest de Monnoys ;

Jehan de Monnay, — fief de Vaulx [4] ;

Jehan Garendeau, — hostel d'Estyau [5] ;

Jehan Marié, — hostel feu Gervaise Huet ;

Michel Thihot, — sergenterie fayée appelée la Tousche-de Moliherne ;

Michel Beaufils, — choses qu'il a en la paroisse de Lignières [6] ;

Perrot Rilot de Parçay, — le sep et maison de la Bannière (?) [7], à devoir de garder les prinsonniers quant le cas y eschiet et les rendre à Baugé et aussi cueillir le moutonnage en la paroisse de Parçay et de Gizeux ;

[1] La Maillière, commune de Seiches.

[2] Une localité de ce nom, dans le bourg de Chavaignes-les-Eaux, canton de Thouarcé ; il est plus probable qu'il s'agit ici de quelque autre localité située dans le Baugeois.

[3] Parpacé, commune de Pruillé ; — Maudon (?).

[4] Plusieurs localités de ce nom dans les communes de Cuon, Daumeray, Mouliherne.

[5] Etiau, communes de Jumelles et de Saint-Philbert-du-Peuple.

[6] Linières-Bouton, commune.

[7] La Bannière (?).

Michelet de La Poissonnière de Moliherne, — herbergement acquis de Jehan Béart ;

Philipon Rabat, — herbergement de la Gaignardière [1] ;

Peronnelle, veuve de Pierre de La Maerie, — hostel à Baugé ; — septième partie de la coutume du lundi ; — septième partie du minage ;

Dame Mabille de Maulévrier, — La Perrinère du Val-de-Moliherne.

Hommages simples de la chastellenie de Baugé :

Jehan de Sepaux, — justice de Vieilleville, du Port-de-Perrignes, du fief de La Boignerie et de l'Isle Bruneau [2] ;

Jean le Musnier, — domaine et appartenances de Lesingne [3] ;

Guillaume du Gaut, — hostel et appartenances de La Bretesche [4] ;

Jehan Lesiart, sire du Grès, — terre du Grès [5] ;

L'abbé de La Boissière, — terre de Bocé, sur Baugé.

Les hommages liges de Mirebeau :

Perrote de Verrue, femme de Pierre Derry, — hostel et appartenances de Verrue ; — *idem* de La Grimaudière ;

Alles de Brizay, — hostel de La Roche-de-Brizay, de Selye et de Douçay [6] ;

Léonnet de Ville, — hostel et appartenances de Ville ; — de la Grolière [7] ;

---

[1] Une localité de ce nom, commune de Chemellier (?).

[2] Vieillevigne, commune de Baracé (Port) ; — Perrignes (?) — Les Rogneries, commune de Chaumont ; — l'Ile Bruneau, commune de Seiches.

[3] Lésigné, commune.

[4] La Bretesche, commune de Baugé.

[5] Le Grès, commune de Beauveau.

[6] La Roche-de-Brizay, communes de Coussay et Verrue ; — Selye, p. e. Celliers, commune de Lancloitre.

[7] Laville, hameau, commune d'Orches ; — La Grolière, commune de Latillé.

Jehanne et Catherine de Paueuz, — hostel et appartenances de Montail [1] ;

André Leroy, — *idem* de Geliz [2] ;

Jean du Vergier, — *idem* du Vergier [3] ;

Jehan de Marçay, — *idem* de Marçay [4] ;

Guillaume de la Tourraine, — *idem* de Pouez [5] ;

Huguet des Bruyères, — *idem* de Chervos (ou Chervas) [6] ;

Perrot Fouschier, — fief de Craon, — fief aux Vassons et de Vouzailles [7] ;

Simon du Fouilloux, — herbergement à La Grimaudière ;

Philippon de Chourpes, — herbergement et lieu de Chourpes [8] ;

Léonnet d'Aron, — hostel et appartenances de Ry ; — fief d'Aron et appartenances [9] ;

Pierre Larcher, — dimes, cens et terrages à Saint-Germain-le-Sec [10] ;

Guyot de Rouffignac, — terre de Jarzay et dépendances [11] ;

Jehan de La Grézilie, — hostel et appartenances de Peuraveau [12] ;

---

[1] Le Monteil, commune de Saint-Jean-de-Sauves.

[2] Gély, commune de Champigny-le-Sec.

[3] Plusieurs localités des environs de Mirebeau ont porté ce nom. Il s'agit probablement ici du Verger-sur-Dive, canton de Moncontour. Le Verger-Gazeau relevait aussi de Mirebeau (*Dict. de la Vienne*, de Redet).

[4] Marçay, commune de Chouppes, canton de Monts-sur-Guesne (Vienne); — ne pas confondre avec Marçay, aujourd'hui du canton de Richelieu (Indre-et-Loire) et qui relevait de Loudun.

[5] Pouez ou Poué, commune de Cuhon.

[6] Cherves, commune.

[7] Craon ou Cron, canton de Moncontour (Vienne) ; — ne pas confondre avec Craon, chef-lieu de canton (Mayenne). — Fief aux Vassons (?).

[8] P. e., mot mal orthographié pour Chouppes.

[9] Ry, commune de Varennes, canton de Mirebeau. — Aron (?).

[10] Saint-Germain, canton de Saint-Savin (Vienne); — ne pas confondre avec Saint-Germain-sur-Vienne (Indre-et-Loire).

[11] Jarsay, commune de Massogne.

[12] Puyraveau, commune de Saint-Jean-de-Sauves.

La dame de La Zuze et de La Benoiste, — les choses qu'elle tient en ladite chastellenie [1] ;

Guillaume de Cure, — hostel et appartenances de Champaigny [2] ;

Jehan l'Abbé, — hostel et la dîme de Doulçay [3] ;

Jehan Milon, — hostel, terre et appartenances de La Roche de Chisais [4] ;

Guiart Milon, — hostel et appartenances de Néron (?).

Guy de La Roche-Farou, — *idem* d'Auberie (?).

Simon de Marconnay, — terre et appartenances de Marconnay [5] ;

Jehan Duceau, — hostel et appartenances de Baule [6] :

Giroire Morin, à cause de sa femme, — *idem* de la Grimaudière ;

Tartarie de Mausson, homme-lige à cause de La Tour et appartenances de Mausson, pour tant qu'il en a au fié de Mirebeau, aux charges que quant le seigneur vient à Mausson il puet entrer audit lieu et prendre toutes choses à luy nécessaires, en les payant, sanz autre redevance ; et aussi à ferme que quant le seigneur ou dame viennent nouvellement à Mirebeau, soit en *curre* (char) ou à cheval, il doit avoir et prendre un cheval de curre, lequel qui luy plaira ou celluy sur quoy ils chevaucheront [7] ;

Jehanne de La Roche, femme de Tassin Frétart, — herbergement et appartenances de la Roche-Bourreau du

[1] P. c., La Beneterie, commune d'Antran.

[2] Champigny-le-Sec, ne pas confondre avec Champigny-sur-Veude.

[3] Doussay, commune.

[4] La Roche-de-Chisay, commune de Saint-Jean-de-Sauves.

[5] Marconnay ; plusieurs localités de ce nom dans le département de la Vienne ; — probablement commune du Verger-sur-Dive qui relevait de la baronnie de Mirebeau (Redet).

Baule (?).

[7] Mausson (?).

— 15 —

Fresne, — dime du Puy de Renton et du lieu de la Terre des Mées [1] ;

La femme de Guillaume Tefenon, — herbergement à Poligny [2] ;

Robert Eschalart, — herbergement et appartenances de Brenay, — village des Roches de Chissays [3] ;

Raoulin du Portal, — herbergement et appartenances de La Grimaudière ;

Guillaume de la Chaucée, — *idem* de Bournezeaux [4] ;

Jehan Granthomme, — *idem* de La Chèze [5] ;

Regnault de Daulge, — tour et appartenances de Lucc, — hostel et appartenances de Liron, — La Veuderie et ses appartenanecs [6] ;

Raoul de Chasteaux, — herbergement de Sulle [7] ;

Merry de Lartines, — hostel de La Bloalière (?) ;

Jehanne Desglez, femme de Jehan de La Motte, — herbergement et appartenances de Mareuil [8] ;

Guillaume Petit, — féage de Champmauvais à Veillemoret, paroisse de Craon [9] ;

---

[1] La Roche-Bourreau, commune de Massogne ; — Le Puy de Ranton (?) : ne pas confondre avec Ranton (canton des Trois-Moutiers), qui relevait de Loudun ; — Les Mées, commune de Mazeuil.

[2] Poligny, commune de Chouppes.

[3] Brenay (?) ; — La Roche de Chizay, commune de Saint-Jean-de-Sauves.

[4] Bournezeau, commune d'Amberre.

[5] Probablement La Chaize ou La Chèze Poitevine, commune de Montmorillon.

[6] Luce (?) ; M. Redet signale un lieu du nom de *Luc*, aujourd'hui inconnu, qui aurait été situé paroisse de Saint-Jean-de-Sauves ; — Liron, commune de Sommières ; — La Veuderie (?).

[7] P. e. Sully, commune de Mirebeau (?) ; — La Bloalière (?).

[8] M. Redet signale : Mareuil, commune de Brigueil-le-Chantre, canton de La Trémouille ; — Mareuil, commune de Saint-Georges, canton de Poitiers. La première de ces localités relevait de Montmorillon ; la seconde, de Saint-Hilaire de Poitiers. Il est probable qu'il ne s'agit ici ni de l'une ni de l'autre, mais d'une troisième du même nom, restée inconnue.

[9] Craon ou Cron, canton de Moncontour, déjà désigné.

Jehan Dalez, — herbergement et appartenances de La Roche de Cuon [1] ;

Aymery Béraut, — herbergement de Prez (?) :

Aymery Richier, — *idem* de Mons [2] ;

Aymery Paupart, — hostel Bernart, appartenances et dépendances, — hostel et appartenances du Puy (?) ;

Brient de Montejéhan, — terre de Puy Renou (?) ;

Jehan Chamaillart, — hostel de Terrefort [3] ;

Leonnel de Moulyon, — hostel et appartenances de Massoigne [4] ;

Perrot Dalemaigne, — herbergement et appartenances de La Court [5] ;

Jehan d'Argenton, — hostel de Rochefort et appartenances [6] ;

Margot, femme de Jehan Prévost, — hostel à Luché [7] ;

Jehan de Rigné, — herbergement de Liegue [8] ;

Jehan de Vauchemer, — herbergement et appartenances de Vauchemer [9] ;

Perrot de Frétart, — herbergement de Primère et Sauve [10] ;

Roguet de la Roche, — hostel et appartenances de Champaigne [11] ;

[1] La Roche de Cuhon, commune de Cuhon.

[2] Mons, commune de Cuhon ; ne pas confondre avec Monts-sur-Guesne, chef-lieu de canton de l'arrondissement de Loudun.

[3] Terrefort, commune de Doussay.

[4] Massogne, commune.

[5] La Cour, commune de Thurageau.

[6] Rochefort, commune de Mirebeau.

[7] Luché, commune de Varenne, canton de Mirebeau.

[8] Liaigue, commune de Champigny-le-Sec.

[9] P. e. Vauchenier, lieu détruit, près Liaigue.

[10] Primère, probablement Primery, commune de Saint-Jean-de-Sauves ; — Sauve, même localité que Saint-Jean-de-Sauves.

[11] Plusieurs localités de ce nom, situées communes de Coussay-les-Bois. Latus, Puisay-le-Sec (*id.*), Saint-Sauveur (canton de Châtellerault (?).

Amaury de Dercé, — hostel de Vieillevigne [1];

Geoffroy Baudry, — herbergement et appartenances à Saint-Jean de Sauve ;

Péan de Maillé, — *idem* du Roignon [2] ;

Odet de Croail, — hostel à la Roche de Chissay et deux ou trois autres appartenances au même endroit [3] ;

Jehanne Dercé, femme de Guillaume Beslou, — hostel de Pouez [4] ;

Laurence Guérive, femme de Jehan Papinot, — hostel à la Massoigne [5] ;

Briant de Luains, — hostel de la Bourrelière et appartenances [6] ;

Jehan Garnier, — herbergement et appartenances de Cursay [7] ;

Jehan de Marconnay, — tour et appartenances de Marconnay [8] ;

Macé Maienon, — dixme de la Chaucée et d'Aunay [9].

Les hommages simples de Mirebeau :

Almaury de Dercé, — choses appartenantes à l'hostel de Vieillevigne, au regart de Mirebeau [10] ;

Jehan Morin, — une terragerie, paroisse de Vazeille [11] ;

Jehan Feurin, — tour et appartenances de Feurin (?) [12].

[1] Vieillevigne, commune de Chouppes.

[2] Le Rognon, moulin, commune de Saint-Jean-de-Sauves.

[3] La Roche de Chizay, commune de Saint-Jean-de-Sauves.

[4] Probablement Poué, commune de Cuhon.

[5] Massogne, commune.

[6] La Bourelière, commune de Montreuil-Bonin ; — *idem*, commune de Vicq (?).

[7] Plusieurs localités de ce nom dans la Vienne ; il s'agit p. e. ici de Cursay, commune de Lencloître.

[8] Marconnay, commune du Verger-sur-Dive.

[9] La Chaussée, p. e. commune de ce nom, aujourd'hui réunie à Aunay.

[10] Vieillevigne, commune de Chouppes.

[11] P. e. Vouzailles, commune.

[12] Feurin (?).

Les hommages liges du ressort de Lodun :

Jehan Rabaté, — La Roche Rabaté et appartenances [1] ;

Pierre du Puy, — Le Puy et appartenances (?) ;

Margot Chauselles, femme de Olivier Eveillechien, — terre et appartenances à son hostel de La Bruyère (?) ;

Hamart Odoart, — hostel et appartenances de Verrières, — la baronnie de Curzay [2] ;

Matheline de Bernezay, — hostel des Roches et appartenances, paroisse de Ternay [3] ;

Jean Quieret, — ce qu'il a en la paroisse de Chalays [4] ;

Perrot Boitvin, — le clos de vigne de Jussay (?).

Jehan Boucail, à cause de Françoise Thevenote, sa femme, — hostel et appartenances de Tilly, paroisse de Dercé ;

Guillaume de La Chasse, à cause de Laurence, sa femme, — rente... ;

Jehanne de Bauçay, femme de Guillaume de Prez, — Mote de Bauçay et de Saint-Marçolle [5] ;

Hues Frétart, – le lieu de Tursay [6] ;

Guillaume du Coudray, — herbergement de la Petite-Frette et appartenances avec juridiction simple et grant vaerie (?) ;

Guillaume Cointillau, — fief de Renton [7] ;

Huet de Cursay, — féage d'Auton [8] ;

Guillaume Marteau, — chastel de Renton et appartenances ;

---

[1] La Roche-Rabaté, p. e. Rabaté, commune de Roiffé.

[2] Curçay, commune : — Verrières, commune de Bournan.

[3] Bernezay, commune des Trois-Moutiers ; — Ternay, commune.

[4] Chalais, commune.

[5] La Motte-de-Bauçay, aujourd'hui La Motte-Champdeniers, commune des Trois-Moutiers, ne doit pas être confondue avec la baronnie de Bauçay, située commune de Mouterre-Silly. — Saint-Marçolle ou Sammarçolle, commune.

[6] Turzay, commune de Claunay.

[7] Ranton, commune.

[8] Auton, commune de Bournan.

Jodoin de Coué, — hostel du Bois-Rogues [1];

Pierre Bérart, — moitié de l'offrande de la chapelle Saint-Léonart, le jour de cette feste [2]; — à Renton, rente sur l'ostel de la Baugreresse [3]; — moitié de la petite dixme de Renton;

Le prévost de l'église de Poitiers, — justice haute, moyenne et basse de ladite prévosté, — terrain de Bizay, paroisse Despiers [4].

Les hommages simples de la chastellenie de Lodun :
Hamart Odoart, — hostel et appartenances de Préaux [5];
Huguet de Pouanz, — hostel de Varennes [6].

Les hommages simples de la Chastellenie de Champigné-sur-Voyde [7] :
Perrotte de Brizay, femme d'Aymerie Paillard, — fief des Coudreaux [8];

Marguerite, veuve de Jean Paris, — hostel et appartenances de Cheviré, paroisse de Sauvigné [9];

Jeanne, femme de Giroir Morin, — terre à Villedan, près Beusse [10];

Ledit Giroir, en son nom, — La Gaignerie de Verrières [11];
Guillaume Aygret, — fief de Baugé [12];

---

[1] Le Bois-Rogue, commune de Rossay.

[2] Probablement Saint-Léonard, près Oyron.

[3] La Baugreresse ; p. e., La Bougrière, commune de Colombiers (Redet).

[4] Epieds, commune.

[5] Preau ou Préaulx, commune de Loudun.

[6] P. e. Varennes, commune du Bouchet.

[7] Champigny-sur-Veude, canton de Richelieu (Indre-et-Loire) ; ne pas confondre avec Champigny-le-Sec (Vienne).

[8] Les Coudreaux, commune de La Tour-Saint-Gelin.

[9] Cheviré, commune de Savigny, près Chinon (?).

[10] Villedan, commune de Beuxe.

[11] Probablement Verrières, commune de Bournan.

[12] Plusieurs localités de ce nom en Indre-et-Loire.

Aymery de Chezelles, — hostel de Mimec (ou Munec)[1] ;

Jehan Mignot, — le petit péage de Choze (?) ;

Pierre de Saint-Pers, — prés et rente en Verron, sur la rivière de Vyenne[2] ;

Morice de Lenay, — terre et appartenances de Champiel, — rente au Puy-d'Assay[3] ;

Jehan Maigrefort, — métairie et domaine de La Bourrelière, paroisse de Pruilly, près Luce (*sic*)[4].

Hommages liges et simples de la Raiace et de Champvent[5] :

Guillaume de Couc, — hostel de Bernay, en la chastellenie de Faye[6] ;

Perrotte de Brizay, femme d'Aymery Paillart, — la petite dîme de Nueil[7].

Hommages liges et simples du Couldray-sur-Suylle (Seuilly)[8] :

Guillaume Vallier, — fief et hostel de La Boessière[9] ;

Perrot Boitvin, — hostel Villers-Boyvin (?).

---

[1] Chezelles, canton de Richelieu ; — Mimec ou Munec, p. e. Munet, commune de Distré (?).

[2] Le Verron, territoire situé au confluent de la Loire et de la Vienne.

[3] Champiel (?) ; — le Puy-d'Assay, commune d'Assay.

[4] Plusieurs localités du nom de La Bourelière tant en Touraine qu'en Poitou : — M. Redet mentionne un fief du nom de Preuilly qui relevait de Faye-la-Vineuse. — Luce (?).

[5] La Rajace, commune d'Arçay ; — Champvent, commune de Thurageau, relevait de la baronnie de Montoiron (Redet).

[6] Faye, probablement Faye-la-Vineuse ; — ne pas confondre avec Faye, en Anjou.

[7] Nueil-sous-Faye (?), commune.

[8] Le Coudray-Montpensier, château féodal, commune de Seuilly.

[9] P. e. La Boessière, commune de Marigny, canton de Richelieu (?). Ce fief relevait pour partie de Faye-la-Vineuse (Redet).

II

Aveux [1]

Fiefs relevant directement du comté d'Anjou, chastel et seigneurie d'Angers :

Chastel et seigneurie de Brachessac, — lige ; (aveu du 15 mars 1416, par Jehan de La Haye, seigneur de Passavant, présenté à l'assise d'Angers le 3 avril suivant) ;

En outre, la terre de Suys de Clays, nouvellement acquise des héritiers de P. Soybaut, anciennement tenue en fief de Brachessac [2] ;

— Trois cents livres de rente hypothéquée sur la terre et dépendances de Brachessac, due par les héritiers de feu Jehan de Brezé et feue Marguerette de Bueil, sa femme, à Catherine de Machecoul, dame de La Suze et de La Benaste, veuve de Pierre de Craon (10 janvier 1408 ; présenté le 14 juin 1409) ;

Macé Le Banier, sergent fayé de la sergenterie des feurres et avenages, à cause de la tierce partie à lui appartenant des dits feurres et avenaiges et du droit de chasse sur les lieux feurraux de plusieurs paroisses, — foi simple (6 avril, av. Pâques 1461, présenté le même jour) ;

Jehan du Vergier, seigneur du Buron-Bouesseau, entre Sarthe et Mayenne, pour rentes de blé appelées les feurres,

---

[1] Arch. nat., P. 337, n°s LV à IIII^{xx} XIII.

[2] Brachessac, pour Brissac ; — Claye, commune de Murs.

dues par divers ; — lige (9 juin 1456 ; présenté le même jour) [1] ;

Louis de l'Isle, seigneur de la moitié par indivis des chastel et chastellenie du Grand Montreveau, autrement appelé la vicomté du Grand Montreveau. — lige (2 octobre 1414, présenté le 17) [2] ;

Eustache de Clermont, seigneur de la moitié par indivis du chastel et chastellenie du Grand Montreveau, — lige (18 octobre 1414, présenté le 14 décembre suivant) ;

Jehan de Montejehan, — baronnie, chastel, terre et chastellenie de Montejehan, — lige (13 décembre 1413, présenté le 19 juin 1414 ; autre du 10 décembre 1451, présenté le 17) [3] ;

Jehan de Villiers, — terre et seigneurie de Challonge, — lige (14 juillet 1444, présenté le 15 septembre) [4] ;

Jehan de Chasteaubriant, seigneur de Challain et du Lion. — chastellenie et terre de Challain, — lige (23 octobre 1407, présenté le 11 décembre 1408 ; et 6 mars 1460, présenté le 16 mars suivant) [5] ;

Charles, seigneur d'Elbret, de Suly et de Craon, connétable de France, à cause de Marie de Suly, dame dudit lieu, sa femme, — baronnie de Craon, — lige (20 févr 1403, présenté à l'assise d'Angers le 11 sept 1408) [6] ;

Georges de La Trémoille, — pour la même seigneurie (aveux présentés en 1410 et en 1439) ;

Guy, comte de Laval, sire de Chasteaubriant et de Candé, — terres et seigneuries de Candé et de Chanzeaux, à cause de sa femme, Françoise de Dinan, — lige (11 septembre 1453, présenté le 19 septembre) ;

---

[1] Le Buron-Bouesseau, commune de Cherré.

[2] Montrevault, commune.

[3] Montjean, commune.

[4] Challonge, p. e. Challonge. commune de Châtelais.

[5] Challain-la-Potherie, commune.

[6] Craon, chef-lieu de canton (Mayenne) ; ne pas confondre avec Craon ou Cron (Vienne).

Louis de Rezaes, seigneur d'Azé et du Chastenay, — terre et seigneurie d'Azé, au regard de « vostre duché d'Anjou », — lige (10 mars 1446, présenté le 22 juin 1447, à l'assise d'Angers ; — autre aveu du 26 novembre 1423, présenté en avril 1424 pour Azé, par Geoffroy, vicomte de Rochechouart)[1] ;

Guillemette, veuve d'Estienne Garnier, — tierce partie des feurres et avenaiges des quintes de Brain-sur-Aution, — simple (26 septembre 1415, présenté le 20 décembre 1415 à l'assise d'Angers) ;

Thibaut d'Estriché, — terre d'Escharbot Nyart, — lige (10 juillet 1434, présenté le même jour à l'assise d'Angers ; — autre aveu du 13 juillet 1443 ; — autre aveu du 24 mars 1452, présenté par Bertrand de La Jaille, pour Escharbot Gastevin, Froidefontaine, etc.)[2] ;

Jehan de Villiers, seigneur du Hommet et de Pacy, — terre et seigneurie de Challonge, — lige (22 juin 1442, présenté le 27 juin, à l'assise d'Angers ; — autre du 20 novembre 1413)[3] ;

Brient de La Haye, chevalier, — chastellenies de La Haye-Joullain, Savonnières et Santerre, — lige (8 juillet 1404, présenté le 27 septembre 1404, à l'assise d'Angers, et autre du 14 mars 1406)[4] ;

Pierre Boudiau, escuier, — Saincte-Jame-sur-Loire et fief des Perrins, — simple (14 avril 1437, avant Pasques, présenté au mois d'avril 1437)[5] ;

[1] Il n'est pas probable que la seigneurie d'Azé dont il est ici question soit la même qu'Azé, commune de Saint-Georges-du-Bois, canton de Beaufort-en-Vallée (Maine-et-Loire), parce que, à la date indiquée par l'aveu, Azay appartenait à un sieur Jean du Château ; s'agirait-il d'Azé, canton de Craon (Mayenne)? — Le Chastenay, commune de Bauné.

[2] Escharbot, commune de Saint-Sylvain. — (Voir Port, art. Escharbot et Froidefontaine.)

[3] Le Challonge, commune de Châtelais (?).

[4] Localités déjà nommées.

[5] Sainte-Gemmes-sur-Loire, commune ; — Les Perrins, commune des Ponts-de-Cé, seigneurie réunie à celle des Ponts-de-Cé (Port).

Jehan de Craon, chevalier, sire de La Suze, — Champ-
tocé, Ingrandes et partie de la baronnie de Craon, — lige
(24 février 1409, présenté le 11 mars suivant) ;

Denise de Montmorency, veuve de Lancelot Tourpin,
seigneur de Crissé, pour ses enfants mineurs, — justice
de la terre de Marigné et droit de mesures sur ladite terre,
qui relève d'Angers et de Chasteau-Gonthier, — lige
(6 décembre 1418, présenté le 13 du même mois à l'assise
d'Angers) [1] ;

Antoine Tourpin, seigneur de Crissé et de Marrigné, —
terre et chastellenie de Marrigné en tant qu'il y en a
relevant du chastel d'Angers, — lige (1er juillet 1439, présenté le 4 à l'assise d'Angers) [2] ;

Georges Hardoul, — domaine de Lugueterie en la paroisse
de Chambellé, — simple (1er avril avant Pâques 1423,
présenté le 6 avril aux assises d'Angers) [3] ;

Guy de Laval, sire de Pacy, — herbergement de Conné-
belle, en la paroisse de Saint-Lô-sur-Angers, — lige
(8 décembre 1384 ; présentation non mentionnée) [4] ;

Jehan de Sainte-Maure, sire de Mongauguier, des Roches
et de Beaupréau, à cause de Jehanne des Roches, son
épouse, — chasteau, baronnie et chastellenie de Beaupréau, — lige (27 mars 1417, présenté le 1er avril, avant
Pâques) ;

François de la Porte, — maison et féage à Angers, —
lige (25 septembre 1405, présenté le même jour) ;

Pierre des Noyers, escuyer, — herbergement, maisons
et appartenances de Moruz, — lige (16 septembre 1460,
présenté le même jour ; autre par Simon des Noyers, du
30 mars 1405, pour la même seigneurie) [5] ;

---

[1] Marigné, commune (Maine-et-Loire) ; ne pas confondre avec
Marigny Marmande (Indre-et-Loire).

[2] *Idem.*

[3] Chambellay, commune.

[4] Saint-Laud fait aujourd'hui partie de la ville d'Angers.

[5] Moru, commune d'Angers (Port).

Jehan Chaudenier (ou Chauderier), seigneur de Nueil et
de la Possonnière, — fief de la Possonnière, — lige (sans
date autre que 1425, les noms du jour et du mois en blanc,
présenté le 19 janvier 1426 ; — autre du 10 mai 1443, présenté au mois de juillet suivant) [1] ;

Anne, dame de Laval, de Vitré et du Gavre, — terre et
appartenances de La Quarte, — lige (22 mai 1422, présenté le 14 juin 1423) [2] ;

Pierre Souvain, — terre et chastellenie de Daon, — lige
et terre de Cheviré-le-Rouge ; terre de Sarrigné (8 juin
1406, présenté le 20 septembre, dite année) [3] ;

Guillemette de Hauteville, veuve de Guillaume Coys-
non, ayant le bail de ses enfants mineurs, — métairie de
la Poulainerie et autres terres, paroisse de Jeuardie (Juvardeil) ; terre et féage d'Averse (1er juillet 1450, présenté le
16 septembre suivant) [4] ;

Roberde Fillastre, veuve de Jehan de Monteclerc, chevalier, — Le Perrin Savineau, — lige (1er avril avant Pàques
1453, présenté le 19 du même mois ; et 1er septembre 1454,
présenté le 24) [5] ;

Jehan du Boys, chevalier, — La Courtillerie de la Cournière, — lige (17 septembre 1428, présenté le même jour ;
autre aveu du 11 mars 1401, présenté par Robin du Bois,
pour le même fief) [6] ;

Pierre de Vendosme, chevalier, seigneur de Segré, à
cause de sa femme, — dixme de blé et vins en la paroisse

[1] Nueil ; il n'est pas probable qu'il s'agisse ici de Nueil-sous-
Passavant, dont la seigneurie appartenait au chapitre de Saint-
Hilaire de Poitiers (Port).

[2] La Quarte, commune d'Andard, et la Grande-Quarte, commune
d'Angers.

[3] Chemiré-sur-Sarthe, commune.

[4] La Poulainerie, commune de Juvardeil ; — Averse ou Aversé,
même fief (Port).

[5] Le Perrin-Savineau, commune d'Angers.

[6] La Courtillerie de La Cournière (?), p. e. La Courtillerie, commune de Mazé (Port).

de Chazé-sur Argone, vulgairement appelée la *grant dixme*, — lige (30 septembre 1405, présenté le 16 décembre suivant) [1] ;

Philippe Prédouart, — herbergement et clouserie, appelée L'Appentiz Relion, — lige (3 juillet 1402, présenté le même jour) [2] ;

Simon Aimé, chevalier, seigneur de Bellefontaine, — diverses dixmes en la paroisse de Chazé-sur-Argoe, — lige (1er octobre 1452, présenté le 20 mars suivant; autre aveu du 15 décembre 1444) [3] ;

Regnault, sire de Pons, au nom de sa femme, — hostel, terre et appartenances de Noese et moitié du fief commun de Soulaines, — lige (18 janvier 1420, présenté le 8 avril 1421, après Pâques) ;

François de Coysmes, écuyer, seigneur de Lucé et de Marrigné, à cause de demoiselle Jehanne Tourpin, sa femme, — terre et chastellenie de Marrigné, — lige (11 septembre 1453, présenté le 17) [4] ;

Jehan Lescuïer, — fief de Cantène, — lige (10 avril 1405, avant Pâques, présenté le 11 juillet même année) [5] ;

Lancelot Tourpin, chevalier, — chasteaux, chastellenie, terres et appendances de Vihiers et du Petit-Montreveau, — lige (6 mai 1404, présenté le 23 septembre 1405) [6] ;

Jacques Amenart, seigneur de Daon, — chastellenie de Daon, — lige (28 juin 1457, présenté le 7 juillet; et 3 janvier 1468, présenté le 4 du même mois) [7] ;

Les terres de Chivré, de La Roche et Sarrigné apparte-

---

[1] Chazé-sur-Argos, commune.

[2] L'Appentis-Relion, aujourd'hui la Pantière, commune d'Angers.

[3] Chazé-sur-Argos, ci-dessus désigné.

[4] Lucé, commune de Miré.

[5] P. e. Cantenay, commune de Cantenay-Epinard. M. Port a relaté cette forme du nom.

[6] P. 340, n° I. f° 196. — Le Petit-Montrevault, commune de Saint-Pierre-Monthmart.

[7] P. 338, n°s 1 et suiv.

nant de présent à Jacques de Bueil, à cause de Loyse de
Fontaines, sa femme, fille de feu Regné, en son vivant
seigneur de Fontaines, « et lesquelles terres furent par
mon père baillées en partaige à feue damme Jehanne
Amenarde, mon ante (tante), mère dudit feu Regné, à les
tenir de moy en paraige, et lesquelles terres dessus dictes,
je garentilz en paraige soubz la dicte hommaige » (3 janvier 1468)[1] ;

Jehan, duc d'Alençon, — chasteaux, villes, terres et
baronnies de Chasteau-Gonthier, Pouencé et La Flèche, —
lige (10 septembre 1453, présenté le 6 avril suivant, avant
Pâques)[2] ;

Louis, sire de La Trémoille, de Sully et de Craon, —
seigneurie de Craon, — au regard de mon duché d'Anjou,
— lige (5 juin 1457, présenté le 27 septembre à l'assise
d'Angers)[3] ;

Le duc de Bretagne, Françoys, — terres et seigneuries
de Chantocé et Ingrandes, — lige (30 mars 1469, présenté
le 25 juin 1470, à l'assise d'Angers) ;

Theaulde de Chasteaubriand, — chastellenie, terre et
seigneurie de Challain, — lige (1er mars 1476, présenté le
18 mars suivant à l'assise d'Angers)[4] ;

Alyennor des Roches, — chastellenie, terre et appartenances de Beaupréau et du Vieil-Baugé, — lige (10 décembre
1438, présenté au mois de décembre même année, à l'assise
d'Angers)[5] ;

Catherine de Gueasquin, dame de Huémené-Guingamp[6],

---

[1] Chivré (?).

[2] Châteaugontier, chef-lieu d'arrondissement (Mayenne), faisait
autrefois partie de l'Anjou, ainsi que La Flèche, chef-lieu d'arrondissement (Sarthe).

[3] Craon, chef-lieu de canton (Mayenne), faisait aussi partie de
l'Anjou.

[4] Challain, aujourd'hui Challain-la-Potherie, commune.

[5] Vieil-Baugé, commune.

[6] Guemenée, en Bretagne, commune.

de Rennefort, de Mortier-Crolle et de l'Oustellerie de Flée,
— terre et seigneurie de l'Oustellerie de Flée, — lige
(13 août 1461, présenté le 10 septembre suivant à l'assise
d'Angers)[1] ;

Louis de Clermont, escuyer, seigneur de Clermont et de
la vicomté du Grand Montreveau, — moitié par indivis de
la vicomté, chastel ancien, chastellenie, terres et appartenances du Grand Montreveau, — lige (.... 1470; présenté
le 15 décembre 1470 à l'assise d'Angers ; — autre du
10 juillet 1455, présenté le même jour par Antoine Clérembault, chevalier, pour la moitié par indivis de la chastellenie du Grand Montreveau, à cause de sa femme Catherine du Plantis)[2] ;

Jean, comte d'Alençon et du Perche, — chasteaux, villes
et terres de Châteaugontier, Pouencé et La Flèche, — lige
(25 août 1414, présenté le 16 mars 1415 à l'assise d'Angers) ;

François, seigneur de Monberon, de Maulévrier et
d'Avoir, etc., — baronnie, chastel, chastellenie, terre et
appartenances de Maulévrier (14 septembre 1453; la présentation manque ; — autre aveu du 15 juin 1406, pour la
terre de Maulévrier, par Jacques, seigneur de Montberon,
Maulévrier, Avoir, etc.)[3] ;

Jacques de Bueil, seigneur de Bouillé-Amenart, à cause
de Louise de Fontaines, sa femme, — terre, chastellenie et
seigneurie de Bouillé (16 mars 1466, présenté le 19 du
même mois à l'assise d'Angers)[4] ;

Le chapitre de Notre-Dame de Clisson, — terre et chastellenie de Montfaucon (17 novembre 1461, présenté le

---

[1] L'Hostellerie-de-Flée, commune ; — Mortier-Crolle, commune
de Saint-Quentin.

[2] Clermont, p. e. Clermont (Loire-Inférieure) (?).

[3] Maulévrier, commune ; — Avoir, commune de Longué — Montberon (?).

[4] Bouillé-Ménard, commune.

11 décembre même année ; — autre aveu du même pour
la même seigneurie, présenté le 12 décembre 1444 ; —
autre du 17 novembre 1461, présenté le 11 décembre même
année ; — autre du 20 mars 1542) [1] ;

Feages, justice haute, moyenne et basse, vaerie et seigneurie, devoirs. cens et rentes de blés et de deniers sur
les domaines de Brez, Goubiz, La Chichardière, les Rideaux
et la Chalotière, — lige (septembre 1382 ; 22 janvier 1404,
présenté le 21 septembre 1405) [2] ;

Catherine de Machecoul, veuve de Pierre de Craon, —
300 livres de rente sur les moulins des étangs et des prés
de Brachessac, — despié de fief, — lige (10 janvier 1409,
présenté le 14 juin même année) [3] ;

Regnault, sire de Pons, — La Noese et la moitié par
indivis du fief commun de Soulaines, — lige (11 ou 14 janvier 1421, présenté le 8 avril même année, après Pâques) ;

Anne, dame de Laval, de Vitré et de Gavre, — La Quarte,
— lige (17 mai 1422, présenté le 18 juin 1423) [4] ;

Simon des Noyers, — terre et féage de Moruz, — lige
(30 mars 1405, présenté le 2 avril même année) [5] ;

Pierre des Noyers, — même terre (16 septembre 1460,
présenté le même jour) ;

Jehan Lescuïer, — fief de Cantène, — lige (10 avril 1405,
avant Pâques, présenté le 11 juillet dite année) [6] ;

Perceval Chabot, chevalier, seigneur de Gonnort et
Touarcé, — Gonnort et Touarcé, — lige (24 août 1430) ;

---

[1] P. 341, n° I.

[2] La Jalotière ou Chalotière, commune de Géc ; — Brez, commune
de Seiches ; — Gobiz ou Goubiz, pour Gouis, commune de Durtal ; —
la Chichardière, commune de Broc ; — les Rideaux ou le Rideau.
commune de Saint-Philbert.

[3] Brachessac, pour Brissac.

[4] La Quarte, commune d'Angers, voir ci-dessus (Port).

[5] Moru, commune d'Angers.

[6] Cantène, probablement Cantenay, commune de Cantenay-Epinard, déjà dénommé.

Geffroy de La Haye, à cause de Jehanne d'Ancenis, sa femme, — terre et domaine de Bellenoë, — lige (20 septembre 1409, présenté le 21 décembre même année)[1] ;

Catherine de Guéaquin, dame de Bellenoë, — même terre (10 mars 1452, présenté le 8 juillet, dite année) ;

Alienneur des Roches, dame de Beaupréau, du Vieil-Baugé et de La Jumelière, — Beaupréau et le Vieil-Baugé, — lige (10 décembre 1438, présenté le..... du même mois ; autre aveu du 9 juin 1489).

Fiefs relevant de la chastellenie de Montfaucon, en Anjou[2] :

Jehan Duplessis, escuyer, seigneur de La Seguinière, — hostel de la Seguinière (même paroisse), — simple (12 août 1502) ;

Jehan Boin, escuyer, seigneur de La Tremblaye, — La Girardière, — simple (1er septembre 1500)[3] ;

Jehan Bussonneau, escuyer, seigneur de La Gauvrière, — terre et seigneurie du Haut-Bois Buteau, — simple (7 août 1497)[4] ;

Georges de La Roche, escuyer, seigneur de La Ménantière et du Puymenoust, — Le Préviau, paroisse de Saint-Germain, — lige (16 novembre 1488)[5] ;

Marie Breslay, damoiselle, veuve de Guillaume de La Brunetière, — divers droits de pâturage ès landes,

---

[1] Bellenoue, commune de Charcé. (Port, art. Bellenoue.)

[2] P. 332, nos LVII et suiv.

[3] La Tremblaye, probablement la Tremblaye, commune de Cholet ; — La Girardière (?), plusieurs localités de ce nom, notamment dans les Mauges.

[4] La Gauvrière, commune de Saint-Christophe-des-Bois ; — Bois-Buteau, commune de Montigné.

[5] La Ménantière, commune de Bouzillé ; — Puymenoust (?) ; — Saint-Germain, probablement Saint-Germain-lès-Montfaucon, commune.

entre les landes des Morelières et les Noes du Boysamé et
la terre Parpionière, — simple (11 octobre 1499, présenté
le 15 mai 1500)[1] ;

Tanguy Sauvaige, escuyer, seigneur du Plessis-
Guerry, etc., — herbergement, terres et appartenances de
La Bretesche, — lige (12 août 1507)[2] :

Jehan de La Rivière, escuyer, seigneur de la Roche-
Saint-Crespin, — terre de La Gaigringère (ou Goionnière),
paroisse de Saint-Macaire (Marches communes d'Anjou et
Poitou), — simple (13 juin 1499) ;

Éon Papin, escuyer, seigneur de La Besvinière, — terres
et dépendances, paroisse de Notre-Dame de Montfaucon,
en marches communes, — lige ; — paroisses de La
Romaigne, Torfou, Montigné, Roussay, Le Longeron,
marches communes (25 octobre 1499) ;

Jehan Bussonneau, escuyer, seigneur de la Gavarière, —
moitié indivis du bourdage de la Bodinière, paroisse de La
Chapelle-Aubry, Saint-André de La Marche ; — autre partie située paroisse de La Séguinière (marches communes
d'Anjou et de Poitou) — lige (7 août 1497)[3] ;

Jehan Chenu, escuyer, seigneur de la Bernardière, —
part indivise en Anjou de la terre de La Roche, paroisse
Saint-Macaire, — lige (13 juin 1499)[4] ;

Jehan Le Mastin, escuyer, seigneur de La Rochejacque-
lin, — grands et petits Maignys, sis en Anjou, — lige (27
août 1500) (?)

Guy de Rochefort, escuyer, seigneur de La Barbaire, —

---

[1] Les Morelières ; il n'est pas probable que ce lieu soit le même
que La Morellière, commune de Corzé ; — Byosamé, commune de
Saint-Crespin-en-Mauge (Port, art. Bois-Anne et Bois-Hame) ; — La
Parpionière (?).

[2] P. e. La Bretèche, commune de Chantoceaux (?).

[3] La Chapelle-Aubry, aujourd'hui commune de La Salle-Aubry.
La commune de La Salle-Aubry a été formée par la réunion des
paroisses de La Chapelle et de La Salle-Aubry (Port). — Comp. les
n°s LXX et LXXVI, sur les paroisses des Marches.

[4] La Bernardière, commune de Saint-Macaire-en-Mauge.

gaignerie de La Barbaire, paroisse de Saint-Germain de Montfaucon, — terre de La Gariolière (marches communes) — lige (1er mai 1503, présenté le 12) [1] ;

François Rigault, escuyer, seigneur de Millepie, — moitié indivise de terre, touchant l'Anjou des terres et domaines de La Bonnière, Luzurière et Laujardière — simple (3 nov. 1495, présenté le même jour) [2] ;

L'autre moitié desdites terres appartient à Jean Bodin [3] ;

Jehan Bonfils, escuyer, seigneur de La Muse, — La Guinnebrechière et la Corralière, en la paroisse de Roussay (marche commune) — l'Anjou desdites terres, — lige (17 août 1500, présenté le même jour) ;

Allain Gibot, seigneur de La Perrinière, — hostel, domaine et herbergement de La Perrinière, paroisse de Saint-Germain et de La Regnaudière, — lige (17 janvier 1490 ; n'appert de la présentation) [4] ;

Rente assise sur la terre de La Frogerie, paroisse de Saint-Martin de Torfoul (5 août 1497) [5] ;

Jacques de Vendosme, vidame de Chartres, etc. — Moitié par indivis qui est tout l'Anjou des moulins de Quatremoulins, — partie en Anjou des terres de Bourdolant, de Lardière-sur-Seyvre, paroisse de Longeron, — simple (24 nov. 1483) [6] ;

Guillaume Rocson — partie de la terre de La Courroncière, paroisse d'Évronne, — simple (20 septembre 1501) [7] ;

François Macé, escuyer, seigneur de Joyon, — partie de

---

[1] La Gariolaie, commune de La Séguinière (?).

[2] La Bonnière, probablement commune de La Romagne ; — Les Langardières, commune du Marillais (?) ; — Luzurière (?).

[3] Voir nos LXXVIII et LXXIX.

[4] Saint-Germain, probablement Saint-Germain-lès-Montfaucon, commune ; — La Regnaudière, pour La Renaudière, commune.

[5] Torfou, commune.

[6] Les Quatre-Moulines, commune du Longeron (Port) ; — Lardière-sur-Sèvre, dite commune.

[7] Evrune, commune.

la terre de La Bouffetière, paroisse de La Romaigne, en
tant que touche l'Anjou, — simple (19 octobre 1515, présenté le même jour) ;

Michau de La Vallée, escuyer, seigneur dudit lieu, —
partie indivise de la Grant Villonnière, paroisse du Longeron qui est d'Anjou, — simple (23 avril 1510, après
Pâques, présenté le même jour) ;

Étienne Doughat, seigneur de La Merrière, — « mon
bailliage de sergentise des paroisses de Teillières et de
Saint-Crespin et des peaiges des deniers que je lève en
ladite paroisse de Teillières et le trespas des chemins qui
trespassent allant et venant par la paroisse de Teillières,
de Clicon [1], à Gesté, et du chemin par lequel l'on va de
Clicon à la Regrepierre, à la barre de La Morelière et de la
meignenerie de vostre dicte chastellenie de Montfaulcon...
mesurages de blé et vins de la dicte paroisse de Tillières...
et la dicte meignenerie, par toute la dicte chastellenie de
Montfaucon », — simple (21 juillet 1511, présenté le
4 août) [2] ;

Jehan de La Rivière, escuyer, seigneur de La Morelière,
— moitié par indivis de la terre de La Goïonnière, paroisse
de Saint-Macaire, — l'Anjou de la terre ; — un quart par
indivis de La Chenevinière, paroisse de La Séguinière, —
simple, (24 ou 28 octobre 1474, présenté le même jour) [3] ;

Maurice Papin, escuyer, seigneur de La Tesvinière, —
la ligence en la paroisse de Notre-Dame de Montfaucon, —
terre du Bas-Plantis (20 février 1466, présenté le même
jour) [4] ;

---

[1] Lisez Clisson.

[2] Teillières, pour Tilliers, commune (Port) ; — La Regrippière,
commune de La Chaussaire ; — La Morelière, p. e. La Morlière,
commune de Torfou (?).

[3] P. 333, 334, n⁰ˢ III et suiv. — La Morelière, p. e. La Morlière,
commune de Torfou, ci-dessus désignée ; — Saint-Macaire-en-
Mauges, commune.

[4] Le Plantis, commune de La Renaudière ; — La Thevinière,
commune de Gesté. (Voir Port, art. Plantis et Thevinière.)

Pierre Chapperon, seigneur de L'Orillonnière, — ligence au bourg de Saint-Jean de Montfaucon (11 août 1455; n'appert de la présentation)[1];

Léonnet Sauvaige, escuyer, — terres et appartenances de La Bretesche, — lige (19 janvier 1446, présenté le même jour; — autre du 19 janvier 1446)[2];

Guy de Montfaucon, chevalier, — Garenne du lieu de Beauchêne, avec les murs, étang et chaussée de Beauchêne, — lige (18 février 1470, présenté le même jour)[3];

François de La Jarrye, seigneur de La Jarrye, — hostel de La Jarrye et dépendances, terres, bois, garennes, etc., — lige (9 juillet 1459, présenté le 20 novembre)[4];

Jehan de Prédouault, seigneur de Prédouault, — terres et appartenances de La Doucinière, paroisse de La Regnaudière, — simple (5 février 1447, présenté à l'assise au même mois)[5];

Guillaume Clérambault, chevalier, — hostel et herbergement de La Mouchefolière; gaingnerie de la Pessonnière, — lige (3 septembre 1442, présenté le même jour) (?);

Pierre Chenu, — un quart par indivis de la terre de La Roche (l'Anjou), paroisse de Saint-Macaire, — lige (24 avril 1460, présenté le 29)[6];

Jehan Duboys, escuyer, — moitié par indivis de la terre et appartenances du Pré Ragot, paroisse de Saint-Germain, — lige (2 novembre 1458, présenté le 10 juillet 1459)[7];

---

[1] L'Orillonnière, commune de Saint-Germain-lès-Montfaucon.

[2] Plusieurs localités du nom de la Bretèche; p. e. celle située commune de Tilliers, canton de Montfaucon.

[3] Beauchêne, commune de Saint-Crespin.

[4] La Jarrye, probablement la Jarry, commune de Saint-Germain-lès-Montfaucon.

[5] La Doucinière, commune de La Renaudière (Port).

[6] Saint-Macaire-en-Mauges, ci-dessus désigné.

[7] Saint-Germain-lès-Montfaucon.

Jehan Joubert, seigneur du Grand Douet, — herbergement et gaignerie du Grand Doet, — simple (8 octobre 1461, présenté le 13 du même mois) (?);

Antoine Bonfils, escuyer, — terres et appartenances de La Guinebretière et de La Coralière, paroisse de Roussay, — terre et bois du Bois Bruneau, — lige (16 novembre 1457, présenté le 17)[1];

Jehan Milon, escuyer, seigneur du Plessis, — moitié par indivis de la terre et appartenances de La Nohe-Collet, « c'est assavoir l'Anjou de la dite terre », paroisse de Torfoul, — simple (5 novembre 1455, présenté le même jour);

Blazot Lejan, — la moitié par indivis des terres, domaines de la grant et petite Herminières et de la Boscherie, assises en la paroisse de La Romaigne (Marche d'Anjou et de Poitou) « laquelle moitié est l'Anjou des dictes terres... » la quarte partie par indivis de la terre et appartenances de la Mainardière, paroisse de Montigné (marche dessus dite)... « c'est assavoir de la moictié de l'Anjou de la dicte terre...», — simple (15 mai 1469, présenté le même jour)[2];

Jehan Legay, seigneur de la Saultière, à cause de sa femme, — hostel, domaine, etc. de La Chignardière, — simple (3 février 1467, présenté le même jour)[3];

Jehan Bussonneau, — terres et appartenances du Giron, paroisse de la Chapelle-Aubri, — moitié par indivis; La Cerclaye, paroisse de Saint-André-de-la-Marche, — simple (14 novembre 1440, présenté le même jour)[4];

François de La Jarrye, seigneur de La Jarrye, — moitié par indivis de la terre du Giron (20 novembre 1473, présenté le même jour)[5];

[1] Bois-Bruneau, commune de Saint-Crespin.

[2] Les Herminières; — La Boscherie (?); — Les Mainardières, commune de Montigné-sur-Moine.

[3] La Saultière (?); — La Chignardière, commune de Saint-Germain-lès-Montfaucon.

[4] Le Giron, commune de La Salle et Chapelle-Aubry. (Voir Port.)

[5] La Jarrye, commune de Saint-Germain-lès-Montfaucon.

Guyonne Renarde, veuve de Ph. Rigaud et ayant le bail de ses enfants mineurs, — terres de La Bonnière, La Surière et l'Aujardière, paroisse de La Romagne (Marches d'Anjou et de Poitou) « pour la moitié par indivis dicelles terres pour tant que touche l'Anjou... » — simple (18 février 1440, présenté le 20) ;

Hardi Robin, escuyer, seigneur de La Tremblaye, — La Pochetière, paroisse de Saint-Pierre de Cholet (en Marches communes), — simple (10 mai 1457, présenté au cours du même mois) [1] ;

Jehan Garnier, escuyer, seigneur de La Bernetière et La Chignardière, — hostel, domaine, bois, garennes, terres et appartenances de La Chignardière, paroisse de Saint-Germain, — simple (16 novembre 1457, présenté le 17) [2] ;

Louis de La Haye, seigneur de Passavant, — moitié par indivis de La Mazure des Magnis, paroisse de Longeron, — lige (12 février 1472, présenté le 15) ;

Jehan de Daillon, escuyer, seigneur de Fontaines, — moitié par indivis des terres et appartenances de La Terre Guibert et de La Messière, « qui est l'Anjou desdites terres », assises en la paroisse de Saint-Macaire, — simple (11 août 1450, présenté le même jour) [3] ;

Alliette La Grasse, dame de La Regnoulière, — un quart par non devis de la terre et appartenances de La Bouffetière, « c'est assavoir l'Anjou de la dite terre, paroisse de La Romagne », — moitié par indivis de la terre de Champ Chétif, « c'est assavoir l'Anjou de la dite terre, paroisse de Saint-Macaire, » — simple (18 mai 1462, présenté le même jour) [4] ;

---

[1] La Tremblaye-Robin, commune de Cholet ; — La Pochetière (*idem*).

[2] La Chignardière, commune de Saint-Germain-lès-Montfaucon ; — M. Port signale un lieu du nom de La Bernetière, commune de Saint-Florent-le-Vieil (?).

[3] La Terre-Guibert, commune de Saint-Macaire-en-Mauges ; — La Messière (?).

[4] M. Port signale un lieu nommé Champ-Chétif ou la Tagne, commune de La Séguinière.

Jehan Gibot, seigneur de La Perrinière, — domaine, terre, herbergement, etc., de La Perrinière, paroisse de Saint-Germain et La Regnaudière, — lige (21 octobre 1460, présenté le 15 février 1461)[1] ;

Jehan de Sanzay, pour Jehanne de La Rivière, sa femme, — moitié par indivis de la terre et appartenances de Grand-Bois Girard, paroisse de Saint-Macaire, « quelle moitié est l'Anjou de la dite terre, o tout le droit de loger et desloger les mestaïers touteffois qu'il me plait, » — simple (29 juillet 1462, présenté le 3 août dite année)[2] ;

Jehan de La Roche, escuyer, seigneur de Coiron et de La Boulaye, pour Philippe de Daillon, sa femme, — le fief de Baussay, — lige (13 mai 1447, présenté le même jour)[3] ;

Jehan Robin, — moitié par indivis de la terre et appartenances du Petit-Aireau, au regard de l'Anjou, paroisse de Saint-André de La Marche (15 juin 1441, présenté le 19) ;

Guillaume du Bois Girault, au nom et comme curateur donné par justice, etc., — Bordage de Coralieu, paroisse de La Regnaudière, — simple (7 août 1445, présenté le même jour)[4] ;

Jehan de Vendosme, chevalier, vidame de Chartres, sire de Lassay, de La Châtre sur le Loyr, de Poussauges, à cause de Catherine de Thouars, sa femme, — moitié par indivis, en ce qui touche l'Anjou, des moulins de Quatre Moulins sur la Sayne, en Marche d'Anjou et de Poitou, paroisse de Longeron, — simple (11 mars 1442, présenté le même jour)[5].

[1] La Perrinière s'étend sur les communes de **La Renaudière** et de Saint-Germain-lès-Montfaucon.

[2] Le Grand-Bois-Girard, plusieurs localités de ce nom dans les Mauges. (Port, art. Bois-Girard.)

[3] La Boulaye de Coron, commune de Chaudron (Port) ; ne pas confondre avec Coron, canton de Vihiers ; — Beausset, p. e. Beausse, canton de Saint-Florent-le-Vieux (?).

[4] M. Port signale un lieu nommé Le Corail, en latin *Coraulium*, commune du Voisde (canton de Vihiers) (?).

[5] Quatre-Moulines, commune du Longeron (Port).

Fiefs relevant du duc d'Anjou, à cause de sa seigneurie de Chantoceaux [1] :

Jehan de Oyron, escuyer, à cause de Marguerite de la Rivière, sa femme, — domaine de la Mellatière, paroisse de la Varenne, — lige (18 octobre 1471, présenté le 19 octobre suivant) [2] ;

Geoffroy Turpin, escuyer, seigneur de la Pouéze et de Launay, — hostel, garenne, terres et appartenances de Launay Vallenson, — simple (12 novembre 1459, présenté le 13) [3] ;

Jehan Turpin, escuyer, — mêmes terres ; bordage de la Pie (8 mai 1467, présenté le 31 mai 1468) [4] ;

Jehan Gauteron, escuyer, — hostel, terres et appartenances de La Hettiberge, paroisse de Drain, — simple (4 janvier 1471, présenté le 14 février 1475) ;

Pierre Tauppin, — domaine, terres et appartenances de La Robretière, paroisse de Saint-Laurent des Aulciers, — simple (6 août 1459 ; n'appert de la présentation) [5] ;

Jehan de la Roche, escuyer, seigneur du Ponceau, de Buig et des Loges, — hostel, herbergement, terre et domaine des Loges, paroisse de Drain, — simple (10 mai 1461, présenté le 12) [6] ;

Frère Jehan de Boissy, prieur de la Trinité de Clisson, — domaines, rentes, cens, devoirs, etc., paroisse de Drain, au divin service (28 mars 1478, présenté le 31) ;

Prieur de Chappouyn, dépendant de Belle-Fontaine, — église ou chapelle, hostel et maisons, etc. ; ile de Chap-

---

[1] P. 350, nᵒˢ 1 et suiv.

[2] La Varenne, commune, cant. de Chantoceaux.

[3] Launay-Valençon, commune du Fuilet.

[4] La Pie, même commune.

[5] Saint-Laurent-des-Autels (voir Port. art Saint-Laurent-des-Autels), une des formes anciennes est Saint-Laurent-des-Aultiers.

[6] P. e., le Ponceau, commune de Saint-Laurent-des-Autels ; — Le Buig (?).

pouyn, au divin service (8 mars 1465 ; n'appert de la présentation)[1] ;

Jehan Rochereul, escuyer, — terres et gaignerie du Fié-Hullin (2 mars 1470 ; n'appert de la présentation)[2].

Démembrements de Champtoceaux[3] :

Guillaume Florie, — droit de chasse, quatre fois par an, en la garenne du duc d'Anjou ; domaine de La Rogerie, paroisse de Drain, — lige (20 juillet 1454, présenté le 5 août 1454, à l'assise de Champtoceaux) ;

Guillaume Leveneur, — gaignerie, terres, domaine de la Couppetière, — simple (18 mai 1454, présenté le 5 août)[4] ;

Olivier Vincent, — Les Frétin ; usage de mettre porcs en la forêt du Frétis, — simple (10 février 1455, présenté le 19)[5] ;

René de Ville, seigneur de La Varenne, — L'Isle Chappouyn ; la boire de Chambellon, — lige (26 novembre 1454 ; n'appert de la présentation)[6] ;

Maurice Le Maignen, — hostel, herbergement, terres et appartenances de La Guilletière, — lige (12 novembre 1455, présenté les 14 et 15 du même mois)[7] ;

Antoine Clérembaut, escuyer, — La Chalonge, — simple (16 février 1447 ; n'appert de la présentation)[8] ;

Jehan de Beaumanoir, escuyer, — terre et appartenances de La Lande de Mons, — lige (4 août 1454 ; n'appert de la présentation)[9] ;

---

[1] L'île de Chapouin, commune de La Varenne, déjà nommée.

[2] Le fief Hullin, commune de Landemont.

[3] P. 31, n° VI.

[4] La Coupetière, p. e. La Couperie, commune de Saint-Christophe-la-Couperie?

[5] Les Frétis, commune du Fuilet ?

[6] L'Isle Chapouin, voir ci-dessus ; — Chambellon (?).

[7] La Guilletière, commune de Saint-Sauveur-de-Landemont (Port, art. La Guiltière).

[8] Les Chalonges, commune du Fuilet (Port, art. Le Fuilet).

[9] La Lande de Mons, aujourd'hui Landemont (Voir ci-dessus).

Guillaume de Teillières, — hostel et herbergement de La Venerie, — lige (8 juillet 1426 ; n'appert de la présentation) [1] ;

Jehan de Blays, escuyer (Jean de Blois), — La Thibaudière, — lige (15 août 1455 ; n'appert de la présentation) [2] ;

François Maufrai, chevalier, seigneur de la Noe, — une osche à Chasteauceaux et diverses redevances — simple (16 août 1456 ; n'appert de la présentation) ;

Louis, seigneur de la Tour et de Bourmont, — manoir, herbergement et terres de la Galonnière et des Hardelières, — simple (3 octobre 1437, présenté le 18 mai 1438) [3] ;

Maurice Le Meignen, — hostel, herbergement et dépendances de La Guilletière, — lige (12 novembre 1455 et 29 novembre 1429 ; n'appert de la présentation) [4] ;

Guillaume de la Prunetière (ou Brunetière). — hostel et herbergement de la Boullaye (ou Boullayère), — bois de la Foucaudière, — simple (15 mai 1453, présenté le 16 mai 1454) [5] ;

Jehan de la Boucaille, esc., — diverses choses qu'il tient aussi de Jehan Amenard ; féage de La Pierre-Baudron, — lige (21 ou 26 novembre 1452, présenté le 30 avril 1454) [6] ;

Jehan Le Voyer, — le Grand Pavoir, — simple (15 décembre 1453, présenté le 15 janvier suivant ; autre aveu du 18 mai 1475, par Morlet Levoyer, pour la même seigneurie) [7] ;

---

[1] La Venerie, commune de La Tour-Landry (?).

[2] Plusieurs localités du nom de La Thibaudière ; il désigne probablement ici La Thibaudière, commune de Saint-Sauveur-de-Landemont.

[3] La Galonnière ; plusieurs localités de ce nom en Anjou ; aucun ne paraît s'appliquer à celle dont il s'agit (voir Port).

[4] La Guilletière, commune de Saint-Sauveur-de-Landemont, déjà nommée.

[5] La Boullaye ; plusieurs localités de ce nom ; p. e. La Boullaye, commune de Chaudron.

[6] La Pierre-Baudron, commune de Bouzillé.

[7] Le Grand-Pavoir (?)

René de Ville, seigneur de La Varenne, — domaine de l'Isle Chappouin et plusieurs autres, — lige (26 novembre 1454 ; n'appert de la présentation) [1] ;

Pierre Pantin, — La Hamelinière, — lige ; — chasse sur ses terres et quatre fois par an sur la seigneurie de Champtoceaux ; diverses dixmes, — simple (15 janvier 1454, présenté le même jour ; — autre aveu de Guillaume Pantin de la Hamelinière, du 14 novembre 1477) ;

Jehan de Savonnières, esc., — hostel de la Bretesche, terres et domaines qui en dépendent, — simple (4 novembre 1455, présenté le 14 à l'assise de Champtoceaux ; — 14 novembre, autre aveu pour les bois de la Foucaudière et autres) [2] ;

Jehan Amenard, chevalier, — La Pierre Baudron, — lige (8 janvier 1462, présenté le 14 octobre 1464) [3] ;

Jehan Boucaille, esc., seigneur de la Mauvoisinière, — lige, — droit à la Pierre-Bauderon, qu'il tient *simplement* d'Amenart, seigneur de Chanzé (26 novembre 1452, présenté le 30 avril 1454) [4] ;

Guillaume de la Brunetière, — hostel et herbergement de la Boullayère, — simple (15 mai 1453, présenté le 16) [5] ;

Jacques du Plessis, chevalier, seigneur de Chapperonnière et de Bouzillé, — terre et féage du Frétin, appartenances et dépendances, — lige (28 avril 1454, présenté les 29 et 30 du même mois) [6] ;

Jehan Goron, esc., seigneur de la Linaye et de la Tran-

---

[1] La Varenne, commune ; — l'Ile-Chapoin, plusieurs fois nommée.

[2] La Bretesche, commune de Chantoceaux ; — La Foucaudière, p. e. commune de Saint-Laurent-des-Autels (?)

[3] La Pierre-Baudron, commune de Bouzillé, ci-dessus nommée.

[4] P. 332, n°° CIII et suivants. — La Mauvoisinière, commune de Bouzillé ; — Chanzé, commune de Faie, canton de Thouarcé (Port, article Chanzé).

[5] La Boulaire, commune de Landemont.

[6] La Chaperonnière, commune d'Ambillou ; — le Frétis, commune du Fuilet (Port ; articles Frétis et la Chaperonnière).

chaye, — hostel et herbergement de La Benerie, — lige
(18 octobre 1458, n'appert de la présentation) [1] ;

Guillaume Lecouinte, — terres et appartenances de La
Richaudière, paroisse de Saint-Sauveur-de-Landemont, —
simple (15 décembre 1453, présenté le 15 janvier 1454) [2].

Fiefs relevant du duc d'Anjou, à cause de son chastel
de Baugé :

Pierre, seigneur de Champaigne, — fief et terre de
Lésigné ; fiefs de Saint-Léonard, — lige (25 août 1460,
présenté aux assises de Baugé, date non mentionnée) [3] ;

Jean de Bueil, seigneur de Bueil et Sancerre, — baronnie,
chastel, terres et seigneuries de Chasteaux et Vaujoyeux, —
lige (14 février 1458, présenté le 21) [4] ;

Hardouyn de Bueil — domaine de Chasteaux et Vaujoyeux, — lige (présenté le 27 janvier 1417) [5] ;

Jehan de Sainte-Mare, seigneur de Mongaulguier,
Noelle, La Roche et Jarzé, — chastellenies et terres de
Longué et Jarzé, — lige (30 novembre 1434 ; n'appert de
la présentation ; autre du 10 mars 1452, présenté le 17) [6] ;

Regnault du Dresnay, chevalier, — terre et seigneurie
de Lassé, — lige (14 juin 1451, présenté le même jour) [7] ;

Jehanne de Lassay, veuve d'Olivier Clérau, — hommages

---

[1] La Linaye (?) — La Tranchaye, p. e. La Tranchée, commune de
Liré (Port) ; — La Bennerie, commune de Botz.

[2] La Richaudière, dite commune de Landemont (voir Port).

[3] P. 337, n° LXVIII ; — Saint-Léonard, p. e. commune de Durtal.

[4] P. 342, f°ˢ 1 et suivants. — Bueil, canton de Neuvy-le-Roi
(Indre-et-Loire), d'où est sortie la famille à laquelle appartenait
Hardouin de Bueil, Evêque d'Angers (Carré de Busserolles).

[5] Château-la-Valière, chef-lieu de canton (Indre-et-Loire) ; —
Vaujoyeux pour Vaujours, commune de Château-la-Valière (Carré de
Busserolles).

[6] Mongaulgier, commune de Saint-Epain (Indre-et-Loire), Carré
de Busserolles. — Sainte-Mare pour Sainte-Maure, chef-lieu de
canton (Indre-et-Loire). Mongaugier et autres seigneuries apparte-
naient à la famille de Sainte-Maure (*Idem.*)

[7] Voir Port, art. Lasse.

dus par Regnault du Dresnay, pour le Plessis Rougebec et autres (11 juin 1451, présenté le même jour) [1];

Jehan de Periers, chevalier, — domaine de Maudon, — lige (14 novembre 1433, présenté le... du même mois, en l'assise de Baugé, tenue à Angers) [2];

Yvon d'Aurigné, chevalier, — terre et appartenances de Lavau-Festu. — lige (15 août 1436, présenté le 6 sept.) [3];

Jean, seigneur de Champagne, — terres et appartenances de Lésigné; Fief de Saint-Léonard, près Durestal, — lige (7 juillet 1434, présenté le 8) [4];

Tristan Rabinart, escuyer, — hostel et herbergement de La Roche Gastevin, — lige (10 septembre 1451, présenté le même jour) [5];

Georges du Chesne, escuyer, seigneur du Tail, à cause de Marie de Vairrières, sa femme, — haute et moyenne justice du lieu du Tail, dont le fonds est tenu du seigneur de Mernay, au regard de sa terre d'Auverce; divers cens, devoirs et redevances, — lige (1er septembre 1458, présenté le même jour) [6];

Girard, abbé de Notre-Dame de la Bouessière, — domaine et appartenances de Bocé, — lige (1er novembre 1456, présenté le 2 du même mois) [7];

Bertrand de Gennes, escuyer, — La Lande-Chasles, moitié, etc.; Guéret, — lige (25 novembre 1457, présenté le 26) [8];

Jehan de la Béraudière, chevalier, — hostel et herber-

---

[1] Plessis-Rougebec, commune de Montigné-lès-Rairies.

[2] Maudon, ou mieux Mandon, commune de Bocé.

[3] Lavau-Festu, commune de Saint-Georges-du-Bois (Maine-et-Loire).

[4] Voir ci-dessus.

[5] La Roche Gastevin, commune de Pontigné.

[6] Le Tail, commune du Guédeniau (Port). — Mernay (?).

[7] La Boissière, commune de Denezé-sous-le-Lude, ancienne abbaye bénédictine, canton de Noyant.

[8] La Lande-Chasles, commune. — Guéret?

gement de Parvenne et dépendances, — lige (3 juin 1447, présenté le 15 juin 1448) [1] ;

Jehan Ritain, — terre, domaine et appartenances de Septaignes, — simple (8 mars 1453, présenté le 5 septembre 1453 ; autre du 24 juin 1444, présenté le 25) [2] ;

Jehan de Masseilles, esc., — chastellenie, terre et appartenances de Fontaine-Milon, — lige (12 septembre 1438, présenté au mois de septembre 1438) ;

Thibault Liziart, esc., — terre et appartenances des Grès, — simple (10 septembre 1451, présenté le même jour) [3] ;

Robert de Monplace, esc., — Les petits bois et justice de la forêt de Monnays, — lige (4 mars 1456, présenté le 5 du dit mois) [4] ;

Pierre Bienassis, — sergenterie fayée du ressort de Baugé, — lige (5 septembre 1454, présenté le 7) ;

Jehan Marie, — herbergement, domaine de La Grange, — lige (28 mars 1434, présenté le 17 juin 1435) [5] ;

Hugues de Montessays, chevalier, seigneur de Chambellay et de l'Espinière, — justice de la terre de l'Espinière, paroisse de Corzé, — lige (25 septembre 1441, présenté le 26) ;

Thebaut de Parpacé, chevalier, — jardin près un moulin, près Baugé et redevances, — lige (1ᵉʳ septembre 1459, présenté le même jour) [6] ;

Olivier de La Chapelle, esc., seigneur de Saint-Chris-

---

[1] Parvenne ? — La Beraudière ?

[2] Septaignes, commune de Montreuil-sur-Loir.

[3] Le Grez ? Plusieurs localités de ce nom, dans le Baugeois et, notamment, communes de Beauvau, de Jumelles (Port).

[4] La forêt de Monnays, ci-dessus mentionnée, s'étend sur les communes de Jumelles, Mouliherne et Vernantes (Port).

[5] La Grange ? Beaucoup de localités de ce nom.

[6] Le Grand-Moulin ? Un faubourg de la ville de Beaufort porte ce nom (Port).

tophe, — fief du Moulin Bretau (?) — simple (3 décembre
1446, présenté le 10 mars 1447) ;

Hardoyn, seigneur de Maillé, — partie de la terre de Vieille
Moliherne, — lige (27 novembre 1446 ; manque la date de
présentation) ;

Pierre Chabot, seigneur du Vergier et de La Maillière,
— terre et féage de La Maillière, — simple (25 novembre
1449, présenté le 5 décembre suivant)[1] ;

Jacquet Richomme, — La Roche Perron, terre et bois
(3 novembre 1458, présenté le 24)[2] ;

Jehanne Landrie, veuve de Jehan Richomme, — herbergement, terres et appartenances de la Brette du Nyart,
autrement dit, Le Gault, — simple (20 avril 1431, présenté le 21)... « et que les choses dessus dictes toutes et
chascunes que je tiens de vous à la dicte foy et hommaige
simple, j'ai justice, juridiction et voirie foncière avecques
touz droitz qui en deppendent »[3] ;

Jehan de Melay, esc., — hostel de la Petite Mulotière,
— lige (18 septembre 1434, présenté au cours de la même
année, sans autre date indiquée)[4] ;

Jehan du Dresnay, seigneur du Plessis Rougebec, —
herbergement du Plessis Rougebec, — *en nuèce franc-
alleu* (18 juin 1435, présenté le même jour)[5] ;

Geoffroy de La Barre — La Motte, en la paroisse de Pontigné, — lige (18 juin 1441, présenté le même mois)...
« esquelles choses je advoue tout droit d'espaves toutes
fois qu'elles y adviennent, toute justice foncière et ce que

---

[1] Le Verger, château, commune de Seiches. — La Maillière,
même commune.

[2] La Roche-Perron, commune de Baugé.

[3] Le Gault, commune de Baugé (Port).

[4] La Petite-Mulotière, fief relevant de Baugé. — Un ancien manoir de ce nom, commune de Longué (Port).

[5] Plessis-Rougebec, commune de Montigné-les-Rairies (Port). —
Remarquer l'existence du franc-alleu en Anjou au xv° siècle.

en despend... par la coustume du pays et tout droit de
garenne... » ;

Jehan de Periers, chevalier, seigneur de Périers et de La
Gaulleraye, — aveu de feurres d'avoine que plusieurs lui
doivent, à cause de sa terre de La Gaulleraye... « chaque
feurre contient quatorze boisseaux, mesure de Saumur »
(24 nov. 1433, présenté à l'assise, sans date du jour)[1] ;

Jacquet du Bouschet, escuyer, seigneur des Mortiers et
de Chinzé, — terre et seigneurie de Chinzé ; justice foncière et ce qui en dépend — lige (27 juin 1434, présenté
le même jour)[2] ;

Thibault de Cherbeye, — herbergement et domaine de
Ligron, paroisse de Corzé, — simple (31 juillet 1431, présenté au mois d'août suivant) ;

Jehan de Périers, chevalier, seigneur de Sermaises et
des Périers, — feurres dus à raison de sa terre de Sermaises (14 nov. 1433, présenté en novembre, sans jour
indiqué)[3] ;

Jehan de La Haye, chevalier, — haute et moyenne justice, ès paroisse de Gué-Denyau et de Bocé « au dedans de
mon fief dudit lieu de La Haye du Gué-Denyau » — lige
(27 nov. 1444, présenté le même jour) ;

Robert Sarrazin, chevalier, seigneur de Chemiré, —
Bois de la Haye-Jousselin, paroisse de Chemiré, — lige
(7 sept. 1448, présenté le...)[4] ;

Guy, seigneur de La Roche-Guyon, — Motte et fossés de
Corzé — lige (15 fév. 1434, présenté le 17 juin suivant) ;

Jehan de Sepeaux, chevalier, seigneur des Sepeaux, de
Saint-Brice, de La Chatière, de Bouche-Dusur et de Vire,
Poingnes et Port-de-Poingnes-sur-le-Loir — pour Poingnes-

---

[1] La Gauleraye, commune de Fougeré : — Periers, commune de
Noyant.

[2] Chinzé.

[3] Periers, voir ci-dessus.

[4] Chemiré-sur-Sarthe, commune.

sur-le-Loir, — simple (24 mars 1453, sans date de présentation) [1];

Pierre Chabot, seigneur du Verger, — chastel, feaige, terre, domaine, justice et seigneurie du Vergier, — lige (31 août 1447, présenté le même jour) [2];

François de Montberon, seigneur de Maulévrier, — terre et seigneurie de Grézigne, — lige (24 janv. 1441, présenté le 7 mars suivant) [3];

Hector de La Jaille, seigneur de Mathefelon, — barronnie de Mathefelon, comprenant trois chastellenies : Mathefelon, Durestal, Azé, — lige (20 juin 1439, présenté le 25 juin 1440; — autre du même, du 22 nov. 1475, présenté le 24, pour Durtal [4]) ;

Robert du Bellay, — terre et seigneurie d'Attées, — lige (8 janv. 1455, présenté le 16 mars) [5];

Geffroy de Chemens, — hostel, terre, domaine et appartenances de Luguetière, — lige (1er décembre 1447, présenté le même jour [6] (?)

Jehan Fretard, esc., seigneur de La Bafferière, — haute justice de La Bafferière, — simple (21 mars 1447, présenté le même jour) [7] ;

Jacquet Richomme, — terres, domaines et appartenances de Champaignes, — lige (23 novembre 1457, présenté le 24) [8] ;

Thibault Landry, prestre, — herbergement, terres et appartenances de Champeignes, — lige (22 juin 1442 ; sans date de présentation) ;

[1] Poigne-sur-le-Loir (?).

[2] Le Verger, voir ci-dessus.

[3] Grézigne, commune de Brion.

[4] Mathefelon, commune de Seiches ; — Azé, p. e. le Grand Azé, commune de Saint-Georges-du-Bois.

[5] Athée, commune de Longué.

[6] Lugetière (?)

[7] La Bafferie, commune de La Pélerine.

[8] Champaigne (?)

Jehanne Amenarde, ayant le bail de René de Fontaines, son fils mineur, — terres et appartenances de Fontaines, — lige (16 août 1431, présenté le 25) [1] ;

René de la Roche, esc., seigneur de Vaillé-Rochereau et de Parne, — hostel, lieu et herbergement de Parne et dépendances, — lige (11 mars 1503, présenté le même jour) [2] ;

Antoine Loubes, à cause de Renée de Daillon, sa femme, — maison forte, terre et seigneurie de Fontaines, fiefs d'entre Sarte et Mayne ; terre, fief et seigneurie de Gée, — lige (7 décembre 1504, présenté le 15 mai 1508, à la Chambre des comptes à Paris) [3] ;

Jehan de Bois Lanfrey, esc., — domaine et hostel de Bois Lanfrey, — lige (3 septembre 1446, présenté le même jour) [4] ;

Pierre de Beauvau, esc., seigneur de Beauvau et de Sermaises, — feurres dus à cause de la dite terre des Sermaises. « lesquelles choses dessus dictes je advoue droit de « justice foncière et les droiz qui en dépendent par la « coustume du pays » — simple (30 août 1485, présenté le 31) ;

Jehan Le Benez, chevalier, — terre et seigneurie de la Ville au Fourier et Vernoil, — lige (20 juin 1440, présenté le 25 ; — autre du 22 mai 1508, présenté par René de Broc, pour la terre et seigneurie de la Roche au Fourier) [5] ;

Jehan Lebrun, seigneur de la Chiquetière, — droit de chasse autour de sa maison de la Chiquetière ; fief de

---

[1] Fontaine-Guérin, canton de Beaufort (voir Port ; articles Fontaine-Guérin et Fontaines *(Hardouin de)*.

[2] P. 346, n° XIX *bis*. — Vaillé-Rochereau, commune de Nueil-sous-Passavant (M.-et-L.) ; — Parnay, commune de Genneteil, ou Parnay, commune de Vernoil.

[3] P. 347. n°⁵ VI et suivants (voir Port : articles Fontaine-Guérin et Gée.)

[4] Bois-Lanfrey, commune de Lasse.

[5] La Ville-au-Fourier, commune de Vernoil.

Gastbureau, — simple (24 février 1490, présenté le même jour) [1] ;

Jehan Rabouan, — La Pataudière, appelée anciennement le fief Botard, — lige (6 juin 1496, présenté le 10) [2] ;

Jehanne Landrie, veuve de Jehan Richomme, — herbergement, hostel, terres et appartenances de la Bretaische Nyart, autrement appelée Le Gault, — simple (20 avril 1431, présenté du 20 au 22) [3] ;

Jehan Fretart, escuyer, seigneur de La Basserive, — droit de garenne à La Basserive, — droit de franchir ses hommes estagiers, demeurant à La Basserive de guet et garde au château de Baugé ; pasture pour bestes en forêt de Monnays ; chasse avec haye au dit lieu ; franchise pour estagiers pour leurs bestes de parnaige, herbaige et paturaige, — simple (21 mars 1448, présenté le même jour) [4] ;

Girault Pyart, — terre et appartenances de La Tousche, paroisse de Mouliherne, — lige (11 mars 1503, présenté le 10) [5] ;

Guillemine Cormain — La Grillardière, paroisse du Vieil-Baugé, — simple (4 mai 1508, présenté le 7) [6] ;

Hamelin, escuyer, seigneur des Moulins, — terre et seigneurie de La Motte des Moulins, — lige (22 novembre 1503, présenté le même jour) [7] ;

Louis Duchâtel, prestre, au nom de l'abbaye de Bourgueil, — Prieuré du Puiset et ses dépendances ; droit de

---

[1] La Chiquetière, commune de Baracé (Port) ; Gastbureau (?)

[2] La Pataudière ou Fief-Botard, commune de Jumelles (Port ; article Pataudière).

[3] Le Gault, commune de Baugé, jadis du Vieil-Baugé (Port ; article Le Gault ; voir aussi article La Bretèche).

[4] Basserive (?) p. e. Les Basseries, commune de Marigné-sur-Daon (?). — Il a existé au xvi⁰ siècle une famille Frétard, en Loudunais (voir le procès-verbal de rédaction de la coutume de Loudun).

[5] P. 348, n⁰⁸ X et suiv.

[6] Voir Port, art. La Grillardière.

[7] Les moulins de Corzé, commune de Corzé.

pasturage et passennaige en la forêt de Monnoys, pour lui
et ses estagiers, de mettre bestes aumailles, porchines et
autres sans rien payer ; droit d'usage à chauffage à mort
bois et bois mort et le chesne et la soche pour les besoins
du manoir du Puiset... (11 juin 1491, présenté le même
jour) [1] ;

Frère Anceau Rigault, prieur, au nom du prieuré con-
ventuel de Saint-Jean-l'Évangéliste d'Angers, — terre et
seigneurie de Fontaine-Berton, paroisse de Vernantes
(18 avril 1508 ; n'appert de la présentation) ;

Pierre de Gennes, prieur de Saint-Léonart près Durestal,
— ledit prieuré et ses dépendances (20 février 1482, présenté le même jour) ;

Robert Richomme, — Le Gault et sergenterie de Ven-
dôme, paroisses de Baugé et du Vieil-Baugé (11 mars
1502, présenté le même jour aux assises royaux) [2] ;

Doyen et chapitre de Saint-Laud d'Angers, — La Chapelle Saint-Lau, Blazon, etc. (16 mai 1508 « ès mains de
honorable homme et saige Jehan de Sausac, auditeur des
comptes à Paris et commissaire, etc. »)

Bertrand de Gennes, — La foresterie de Monnoys ; le fief
de Baulx, — lige (31 janvier 1486) [3] ;

Loys Jehan de Mareil, — domaine de Mareil (ou plutôt
droits d'usage en la forêt de Monnaie pour le manoir de
Mareil, 12 mai 1508) [4] ;

Jehan Richomme, licencié ès lois, seigneur de La Gouberie et des fiefs de La Grislardière, — La Gouberie et les
fiefs de La Grislardière de Baugé, « l'un des trois ressorts
de vostre duché d'Anjou », — lige (24 mai 1508 ; n'appert
de la présentation) [5] ;

[1] Le Puiset, commune de Parcé.
[2] Le Gault (voir ci-dessus).
[3] Le Fief de Baulx (?).
[4] Mareil, commune de Vernantes (?).
[5] La Gouberie, commune du Viel-Baugé ; — La Grillardière (*idem*).

Estienne Maschad (ou Machart), prieur de Daumeré, — prieuré de Daumeré (déclaration du 31 août 1496, présentée le même jour)[1] ;

Jehan de La Barre, — Vaulx sur le Loir (déclaration du 31 août 1496, présentée le même jour)[2] ;

Nioiseau, — prieuré de La Lande (déclaration du 24 novembre 1484. présentée le 25)[3] ;

Jehan de Bueil, seigneur de Bueil et de Chasteaux en Anjou, — baronnie, chastel, terres, seigneurie et appartenances de Chasteaux en Anjou et de Vaujoyeux, — lige (14 février 1457. présenté le 21, à l'assise de Baugé)[4].

Fiefs relevant du duc d'Anjou, à cause de son chastel de Saumur ; — aveux présentés à l'assise de Saumur :

Françoys, seigneur de Monberon et de Maulevrier, vicomte d'Aunay, seigneur de Richebourg et du Toureil, — chastellenie. terre et baronnie dudit Richebourg et du Toureil, — lige (20 novembre 1449, présenté le 30 janvier 1450, à l'assise de Saumur)[5] ;

Charles de Keymenerech, — moitié par indivis du chastel et chastellenie de Pocé, — lige (6 mars 1450, présenté le 16 avril après Pâques 1450)[6] ;

Olivier d'Aubigné, chevalier, — ville du Coudray-Macouard, — lige (1er novembre 1437, présenté le 1er février 1442) ;

Jehan de La Haye, seigneur de Chemillé et de Passavant, — chastel, ville et seigneurie de Passavant, — lige (26 juil-

---

[1] Daumeray, prieuré dépendant de Marmoutiers; aujourd'hui commune.

[2] Prieuré dépendant de Saint-Aubin d'Angers, commune de Montreuil-sur-Loire, canton de Tiercé (Maine-et-Loire).

[3] La Lande, commune de Nyoiseau.

[4] Paraît faire double emploi avec un aveu au nom du même, et pour les mêmes seigneuries, relaté ci-dessus.

[5] P. 337, n° LXXV. — Richebourg, commune du Toureil.

[6] P. 341, n° IV. — Pocé, commune de Distré.

let 1457, présenté le 29) ; autre du 15 juillet 1439, présenté
le 15 octobre par le même pour la baronnie et ressort de
Passavant ;

Guy, sire de Raiz et de Blazon, — chastellenie et terre
de Blazon et de Chemellier, — lige (25 mars 1405; présentation non indiquée) ;

Béatrix de Bommaye, dame dudit lieu, — hostel et forteresse de Bommaye et dépendances, — lige (31 janvier
1437, présenté le même jour) [1] ;

Katherine de Lisle, dame de La Trémoille, de Craon et
de Doué, — baronnie, chastel et chastellenie de Doué
et ses dépendandes, — lige (3 juillet 1455, présenté
le 30) ;

Guillaume de Harecourt, comte de Tancarville et de
Montgomery, vicomte de Melun et seigneur de Montreuil-
Bellay, — chastel et chastellenie de Montreuil-Bellay, —
lige (3 mai 1454, présenté le même jour) [2] ;

Robert Lemasson, chevalier, seigneur et baron de Trèves,
conseiller du roi « nostre sire » — baronnie, terre et seigneurie de Trèves, — lige (25 janvier 1440, présenté le 28
dudit mois) [3] ;

Jean, sire de Bueil et Faye-la-Vineuse, — chastel, ville
et chastellenie de Faye-la-Vineuse, — lige (8 octobre 1441,
présenté le 15 mai 1442) [4] ;

Geoffroy de La Grézille, chevalier, — chastel et terre de
La Grézille, — lige (18 janvier 1407, présenté le 21, sans
indication du lieu de l'assise) [5] ;

Hardouyn de Maillé, chevalier, — fief, terre et apparte-

---

[1] Boumois, commune de Saint-Martin-de-la-Place.

[2] P. 341, n° v. — Harcourt, Tancarville, Montgommery, en Nor-
mandie (voir au tableau).

[3] Trèves, commune de Trèves-Cunault.

[4] Faye-la-Vineuse, canton de Richelieu (Indre-et-Loire) ; —
Bueil, canton de Neuvy-le-roy (*idem*), voir ci-dessus.

[5] La Grézille, commune d'Ambillou.

nances de Nazelles, — foy et hommage plain (20 juillet
1449, présenté le 2 août suivant) [1] ;

Jehan Rabaste, chevalier, — même fief (20 janvier 1441,
présenté le 20 octobre) ;

Louys Bouchaut, escuyer, — fief, terre et domaine de
Pierrefuite, — foy simple (16 août 1454 ; n'appert de la
présentation) [2] ;

Jehan Augier, seigneur du Plessis-Augier, de Montalloys
et de l'Estang de Gennes, — l'hostel de l'Estang, — lige
(29 septembre 1417, présenté le 18 juin 1418) [3] ;

Jehanne Prévoste, veufve de feu Geffroy d'Aubigné,
escuyer, et par avant femme de feu Pierre Gasteblé, — Le
fief du May, — lige (24 avril après Pâques 1437, présenté
à l'assise de juillet suivant) [4] ;

Nicolas Prouvost, — herbergement, terres et appartenances de Saumoussay, — lige (27 janvier 1402 ; n'appert
de la présentation) [5] ;

Jehan Turpin, chevalier, — Les Moriers, — simple
(13 ou 14 ocrobre 1449, présenté le 29 janvier 1450) [6] ;

Jehan Amenart, chevalier, seigneur de Changé et de
Cernusson, — chastellenie, terre, seigneurie et appartenances de Cernusson, — lige (18 avril 1444, après Pâques ;
n'appert de la présentation) [7] ;

Guillaume de Craon, chevalier, seigneur de Moncontour
et de Marnes, — chastellenie, terre et appartenances de
Moncontour et de Marnes, — lige (3 juillet 1409, présenté
le 4) ;

---

[1] Nazelles, commune de La Roche-Clermault, canton de Chinon
(Indre-et-Loire). — Voir Carré de Busserolles.

[2] Pierrefuite ou Pierrefrite, pour pierre levée ou fichée ; beaucoup
de localités de ce nom.

[3] L'Étang de Gennes, commune de Gennes.

[4] P. 341, n° v. — Le May, commune de Dampierre (?).

[5] Saumoussay, communes de Chacé et de Saint-Cyr-en-Bourg.

[6] Le Murier ; plusieurs localités de ce nom.

[7] Changé (?) p. e. commune de Chenillé-Changé (?).

Françoys d'Aubigné, escuyer, — hostel de Munac et la gaignerie dudit lieu (30 juillet 1457, présenté le 1er aoùt)[1];

Nicolas Prouvost, — herbergement, terres et appartenances de Saumouczay, — lige (27 janvier 1403; n'appert de la présentation)[2];

Jehan Augier, seigneur du Plessis-Augier, Montalloys et de l'Estang de Genne, — hostel de l'Estang et ses dépendances, — lige (19 septembre 1417, présenté le 18 juin 1418)[3];

François d'Aubigné, escuyer, — douves, clouaisons, fortifications, routes, etc., du Coudray-Macouart, — lige (30 juillet 1457, présenté le 1er aoùt)[4];

Sous le n° XVII, sont de nombreuses déclarations de maisons et emplacements tenus du duc d'Anjou, dans Saumur;

Sous le n° XVIII, déclarations de choses en la prévosté de Saint-Generoux, ressortissant de Saumur; — d'après les mentions portées sur quelques-unes d'entre elles, les déclarations ont été faites en l'assise de Saumur[5].

Fiefs relevant du duc d'Anjou, à cause de son chastel de Loudun; aveux présentés à l'assise de Loudun:

---

[1] Munac, pour Munet, commune de Distré (Port). — Le texte de l'aveu porte Coudray-Macouard, même date. — Voir ci-après note.

[2] P. 345, n°s viii et suiv.

[3] Le Plessis-Augier (?). — Montaloys, p. e. Montalais, commune de Jarzay (?). — L'Etang de Gennes, commune de Gennes; voir ci-dessus.

[4] Il doit y avoir quelque confusion entre cet aveu et celui cité ci-dessus d'Olivier d'Aubigné. Le texte de l'aveu présenté par François d'Aubigné est relatif à la ville et fortifications du Coudray-Macouard; l'aveu présenté par Olivier parle aussi de la ville du Coudray-Macouard; peut-être y avait-il partage ou communauté de la même ville entre Olivier et François. En outre l'aveu ci-contre paraît faire double emploi avec celui relaté plus haut de François; mais pour ce dernier le texte porte Le Coudray, tandis que la liste porte Munac.

[5] Saint-Generoux, p. e. Saint-Generoux, canton d'Airvault (Deux-Sèvres).

Guillaume Odart. — hostel, tour et forteresse de Cursay, — lige (3 janvier 1438, présenté le 31 octobre 1447) [1] ;

François de Montbron, — seigneurie et terre de Cursay appelée Maulévrier, — lige (3 juin 1447, présenté le 14) [2] ;

Jehanne Maulmagne, dame de Chavigné, — hostel de Chavigné, avec la gaignerie et les terres en dépendantes. — lige (25 août 1409, présenté le 9 septembre) [3] ;

Guillaume Le Roy, escuyer, seigneur de Chavigné, —. la forteresse avec les terres qui en dépendent, — lige (15 mai 1443 ; n'appert de la présentation) [4] ;

Louis Thoreau, escuyer, — l'hostel du bois de Mermande et ses dépendances, — lige (10 mars 1406 ; pas de mention de présentation) [5] ;

Pierre de Brillac, escuyer, seigneur d'Orge et de Mons, — le lieu, terres et appartenances du Boysfolet, démoly, en ruines dès le temps des autres guerres (19 mai 1449 ; pas de mention de présentation ; un autre aveu, au même nom, pour le même lieu et à la même date, mentionne la présentation au 24 mai, — lige) [6] ;

Le même, — diverses rentes dépendantes du fief de La Roche-Rigault (19 mai 1449, présenté le 24) [7] ;

Le même, — hostel du Petit-Crouail avec ses appartenances et dépendances (19 mai 1449, présenté le 24) [8] ;

Theaude de Chasteaubrient, à cause de Françoise

---

[1] P. 341, n° iii. — Curçay, canton des Trois-Moutiers (Vienne).

[2] Maulévrier, commune de Curçay.

[3] Chavigny, commune de Lerné (Indre-et-Loire). Voir Carré de Busserolles.

[4] *Idem.*

[5] Mermande. p. e. Marmande. commune de Vellèche canton de Leigné-sous-Usseau (Vienne) (?) p. e. commune de Marigny-Marmande (Indre-et-Loire).

[6] Orge. p. e. Orches, commune (Vienne) ; — Mons, p. e. commune de Cuhon (?). — Bois-Follet (?) p. e Le Follet sur la Veude, commune de Sossay (Vienne).

[7] La Roche-Rigault, commune du Bouchet.

[8] Crouailles, commune de Monts-sur-Guesne.

Odarde, sa femme, — chastel et forteresse de Verrières et les terres en dépendantes (8 mai 1450, présenté le 11) [1];

Olivier Frétard, escuyer, seigneur de Tursay, — hostel et forteresse, terre et appartenances de Tursay, — lige (7 juin 1448; n'appert de la présentation) [2];

Antoine de Clermont, chevalier, seigneur de Surgères et Bernezay, — la foire de Bernezay, — lige : arrière-fiefs à Jalomay, tenus par Turgis (20 octobre 1449, présenté à l'assise du 17 novembre), — autre, pour le même fief, du 8 novembre 1393, sous le nom du seigneur avouant [3];

Jehan de Fontenays, escuyer, seigneur de Saint-Cassien, — baronnie, terre, chasteau et bourg de Saint-Cassien, — lige (20 octobre 1450; pas de mention de présentation) [4];

Jehan de Besdon, — hostel de Dercé, appelé La Tour et le fief qui en dépend, — lige (25 avril 1403, présenté le vendredi après Quasimodo) [5];

Guillaume Sanglier, seigneur de Bizay, à cause de sa femme, — hostel et herbergement de l'Isle et ses dépendances (11 novembre 1437; pas de mention de présentation) [6];

Doyen et chapitre de Poitiers, — hostel et herbergement de Nozillé et dépendances (12 juin 1447, pas de mention de présentation) [7];

Jehan de Taille, seigneur de la Motte, — le fief de La Roche-Rigault (6 avril 1405, présenté le 20 août 1407) [8];

Ambroys de Fontenays, — baronnie, terre, forteresse et

---

[1] Verrières, commune de Bournan.

[2] Turzay, commune de Claunay.

[3] Bernezay, canton des Trois-Moutiers ; — Jalonnay, p. e. Jaulnay, canton de Saint-Georges (Vienne).

[4] Saint-Cassien, canton de Montcontour.

[5] Dercé, canton de Monts-sur-Guesne.

[6] Bizay, commune d'Epieds. — L'Isle, p. e. L'Ile, commune de Roiffé.

[7] Nouzilly, commune de Chalais.

[8] La Roche-Rigault, voir ci-dessus.

bourg de Saint-Cassien (12 août 1424; n'appert de la présentation) [1];

Olivier Frétart, seigneur de Curzay, — hostel, forteresse, terre et appartenances de Curzay (7 juin 1448; n'appert de la présentation);

Nicolas Ribot, — Herbergement et hostel de Chavaignes, — lige (10 juin 1434, présenté après *Lætare* 1435) [2];

Bertrand de La Jaille, escuyer, seigneur de Renton, — chasteau et forteresse de Renton, — lige (15 juin 1442; n'appert de la présentation) [3];

Bertrand de Beauveau, seigneur de Précigny et de Ternay, — hostel et forteresse de Ternay, — lige (2 juillet 1451, présenté le 30 juin) [4];

Loys Toreau, escuyer, — l'hostel de Rigné en la paroisse de Claunay, — lige (10 mars 1440 ; n'appert de la présentation) [5];

Jehan Dosques, escuyer, à cause de Jehanne de Bommaye, sa femme, — hostel de Monbuez, — lige (8 novembre 1437; n'appert de la présentation) [6];

Nicolas Béhuchet, chevalier, — terre du Bois près Pruillé (22 mai 1404) [7];

Jehan Rabasté, chevalier, — chasteau de La Roche-Rabasté et ses dépendances (2 janvier 1435, présenté le 6) [8];

Jehan Sanglier, chevalier, — terres du Bois-Rogues, de

---

[1] P. 346, n°ˢ I et suiv. — Saint-Cassien, voir ci-dessus.

[2] Chavagne, commune de Ceaux (?) Vienne.

[3] Ranton, commune ; — La Jaille, commune de Sammarçolles (Vienne).

[4] Ternay, commune.

[5] Rigny, commune de Claunay.

[6] Monbuez (?), probablement Montbeil, commune de Benassay.

[7] Preuilly, commune de Mouterre-Silly.

[8] Rabaté, commune de Roiffé (?)

la Melletière et de Jouhé, — lige (15 janvier 1443; n'appert
de la présentation) [1];

Jacques de Dercé, escuyer, seigneur de Dercé, — hostel
et herbergement de Lardives, — lige (19 août 1444, présenté le 25) [2];

Colas du Couldray, — un hostel en la petite Feste; une
garenne et diverses pièces de terre, — lige (24 mai 1443;
n'appert de la présentation) [3];

Jehan de Faye, escuyer, — fief de Marçay (appelé
anciennement fief de Beauçay), — lige (12 mars 1403;
n'appert etc.) [4];

Pierre de Brillac, escuyer, — hostel du Petit-Crouail, —
lige (19 mai 1449, présenté le 24) [5];

Guion Le Maire, escuyer, à cause de Marguerite Rouil-
louin, sa femme, — Le Bois-Bernard, — lige (9 juillet
1435, présenté le 8) [6];

Thomas de Signe, escuyer, à cause de Jehanne de Jeu,
sa femme, — diverses rentes dépendantes du fief de
Saint-Cassien, — lige (24 janvier 1443, présenté le 26) [7];

Guillaume Odart, chevalier, seigneur de Verrières et de
Curzay, — soixante sols de rente sur le moulin de Selle
sur la Dive; — dix jours de garde et deux sols six deniers
de devoir à muance de seigneur (5 novembre 1437, présenté le 7... 1440) [8];

Regnault de Velors, escuyer, — hostel de La Lande, en

---

[1] Le Bois-Rogue, commune de Rossay. — Joué, commune de
Ceaux. — La Melletière, p. e. une ferme de ce nom, commune de
Messemé.

[2] Dercé, voir ci-dessus; — Lardives (?).

[3] La Petite-Feste, commune des Trois-Moutiers.

[4] Marçay, canton de Richelieu (Indre-et-Loire).

[5] Crouailles, commune de Monts-sur-Guesne, déjà désignée.

[6] Bois-Bernard (?).

[7] Saint-Cassien, commune.

[8] Moulin de la Celle-sur-Dive, commune de Voulon.

la paroisse du Bouschet. — hommage plain (7 novembre
1437 ; n'appert de la présentation) [1] ;

Fouquet de La Rochefoucault, escuyer, — La Tour du
Haut-Molay, — lige (1er novembre 1449, présenté le
31 janvier 1450) [2] ;

Loys Nau, seigneur de Pougny, — diverses choses et
rentes en la paroisse de Renton, — lige (26 octobre 1445,
présenté le même jour) [3] ;

Jehan de Rochechouart, escuyer, — La Mote de Beauçay
et Saint-Marsolle, — lige (30 juin 1450, présenté le 5 janvier 1451) [4].

Terres et seigneuries relevant du duc d'Anjou au regart
de sa seigneurie de Mirebeau ; aveux reçus à l'assise de
Mirebeau [5] :

Anne Valorye, veuve de feu Aimeriguais-Chapperon,
chevalier, — hostel, terre et seigneurie de La Voulte, —
lige (14 mars 1463, présenté au cours du même mois) [6] :

Bertran Poupard, escuyer, pour lui et ses parageurs, —
hostel des Puys et dépendances, — lige (14 février 1458,
présenté le même jour) [7] ;

Demoiselle Anthoinette de La Selle, — chastel et herbergement de Grice et ce qui en dépend, — lige (1er juillet
1469 ; n'appert de la présentation) [8] ;

---

[1] Velort, commune de Loudun.

[2] Le Haut-Maulay, commune de Maulay.

[3] Ranton, voir ci-dessus. — Pougny (?).

[4] La Motte de Beauçay, aujourd'hui La Motte Chandenier, commune des Trois-Moutiers ; — Sammarçole, ou Saint-Marcolle, commune. — Ne pas confondre la Motte de Beauçay avec la baronnie
de Beauçay, commune de Mouterre-Silly, même canton.

[5] P. 329, nos 1 et suiv., (cxLV et s.)

[6] La Voûte, commune de Chouppes (voir Redet, art. La Voute).

[7] P. e., les Puys, commune de Saint-Genest (?).

[8] La Grisse, commune de Cheneché.

Jehan Fouchier, seigneur des Mées, — tour et forteresse des Mées et dépendances, — lige (23 mai 1461, présenté le 28) [1] ;

Guillaume Bastard, dit de Marseille, pour lui et ses frères et sœurs, ses parageurs, — hostel et terre de Marseille, — lige (16 août 1458, présenté le 17) [2] ;

Pierre de Ry, escuyer, — hostel de Bauice, fief Jallets, — lige (20 juin 1457, présenté le 21) (?) ;

Pierre de Thaunay, — fief au bourg de l'Aumosnerie et La Treille, — lige (vendredi après la Saint-Laurent 1312, le comte de Roucy étant alors seigneur de Mirebeau ; — n'appert de la présentation) [3] ;

Alexandre de Chopes, escuyer, pour lui et ses parageurs, — Chopes (ou mieux Choupes) et ses dépendances, — lige (30 juillet 1446, présenté le 2 août) [4] ;

Philippes de Chouppe, — herbergement de Chouppe, — lige (1er mai 1411, présenté le 28) ;

Pierre du Vergier, escuyer, — hostel et terre du Vergier, paroisse de Suylle, — lige (5 juin 1442, présenté le 6) [5] ;

Regnault du Vergier, seigneur du Vergier-Gazeau, — herbergement, terres, etc., du Vergier-Gazeau, paroisse de Chouppes, — lige (22 novembre 1459, présenté le 23) ;

Gauvain Beslon, chevalier, à cause de Catherine Bessorelle, sa femme, — hostel de Monteil et dépendances, paroisse de Sauve, — lige (1er avril 1445, présenté le 14) [6] ;

François Grimault, escuyer, — hostel de La Veuderie

---

[1] Les Mées, commune de Mazeuil.

[2] P. e. La Marzelle, commune de Chenevelles (voir Redet).

[3] L'Aumosnerie, probablement l'Aumônerie de Saint-Jean, faubourg de Mirebeau (Redet) ; — Les Treilles et La Jalaiserie, commune de Saint-Georges (Vienne) (?).

[4] Chouppes, commune.

[5] Sully, paroisse supprimée et réunie à Mirebeau (Redet).

[6] Saint-Jean-de-Sauves, commune.

et dépendances, paroisse de Boussageau, — lige (1er mai 1473 ; n'appert de la présentation) [1] ;

Estienne Jamin, à cause de Mauricette de Fontaine, sa femme, — fief de Maillé, paroisse de Vouzailles, — lige (10 juin 1459, présenté le 11) ;

Antoine Frétart, escuyer, seigneur de Sauves, — ville et terre de Sauves, — lige (15 septembre 1458 ; n'appert de la présentation) [2] ;

Guillaume Bertoneau, — fief Duisseau ou d'Allemaigne, paroisse d'Auberie, — lige (20 mai 1468, présenté le 31) [3] ;

... De Bonnemain, escuyer, seigneur de La Touraine, — Terre de La Touraine, — lige (1er février 1462, présenté le 4) [4] ;

Aimeri Morin de La Morinière, — Périgné, etc., à Vouzailles (vendredi après la sainte Catherine 1310 ; n'appert de la présentation) ;

Antoine Robin, — herbergement à La Roche de Chizoys, — lige (30 mars 1468, présenté le 1er avril) [5] ;

Renaut Grimaut, dit de Donge-Valée, — herbergement à Luché, — lige (20 août 1389, n'appert de la présentation) [6] ;

Blanc d'Aubigné, escuyer, — pièce de terre à Gressigné, — hommage plain (3 décembre 1463, présenté le 6) [7] ;

Le même, — hostel de Vieillevigne et dépendances, — lige (même date) [8] ;

---

[1] Boussageau, paroisse supprimée et réunie à Lencloître.

[2] Saint-Jean-de-Sauves, ci-dessus désigné.

[3] Usseau, commune d'Amberre. — Allemaigne, p. e. La Maigne, commune de Mazerolles (?) (voir Redet).

[4] La Touraine, commune de Cuhon.

[5] La Roche de Chizay, commune de Saint-Jean-de-Sauves, ci-dessus nommée.

[6] Luché, commune de Varennes, canton de Mirebeau.

[7] Gressigné, probablement Gressigny, commune de Chouppes (Redet, art. Vieillevigne). C'était un fief relevant de Mirebeau.

[8] Gressigny et Vieillevigne, commune de Chouppes.

Pierre de Ry, — herbergement de La Tonnoire et dépendances (13 avril 1445) [1]:

Aymery de Lornies, à cause de sa femme, — herbergement de La Bloualière, — lige, (14 juin 1389, présenté le 5 août suivant) [2];

Jehan de Vauchemer, — herbergement de Vauchemer et dépendances, — lige (22 octobre 1406, présenté le 16 janvier suivant) [3];

Jehan de Bonnemain, — Le Grand-Parigné, — lige (30 janvier 1462, présenté le 4 février) [4];

Jehan de Marçay, valet, — terre, herbergement, etc., de Marçay, — lige (8 mai 1389; n'appert de la présentation) [5];

Jean Hillerin, pour Mathurine Rechère, sa femme, — Mons, paroisse de Cuon, — lige (18 janvier 1451, présenté le 15 février);

André de Ry, à cause de sa femme, — tour et herbergement de Gelin, — lige (lundi après la Saint-Laurent 1382; n'appert de la présentation) [6];

Aymeri Béraut, dit Gauthier, — herbergement de Poix, — lige (10 juillet 1373; n'appert de la présentation) [7];

Jehan de Rigné, — herbergement de Liaigue, etc., — lige (mardi avant la Purification Notre-Dame 1373; n'appert de la présentation) [8];

Pierre du Roussay, escuyer, à cause de Macée de

[1] La Tonnière, commune de Cuhon (Redet).

[2] La Bloualière (?).

[3] Probablement Vauchemin, commune de Champigny-le-Sec (Redet, art. Vauchenier).

[4] P. 330, I et suiv. — Parigné, commune de Champigny-le-Sec.

[5] Marcé, commune de Chouppes, canton de Monts-sur-Guesnes; — ne pas confondre avec Marçay, (canton de Richelieu. Indre-et-Loire), qui relevait de Loudun.

[6] Gely, commune de Champigny le-Sec (Redet).

[7] Poix pour Poué, commune de Cuhon (Redet).

[8] Liaigue, commune de Champigny-le-Sec.

l'Estang, sa femme, — hostel de Chamaillart et dépendances — hommage plain (13 mai 1467, présenté le même
jour) [1];

Jehan Vigeron, — hostel et habergement du Fraigne, etc..
— lige (8 février 1459, présenté le 10) [2];

Jehan d'Argençon (ou d'Argenton), chevalier, à cause
de Challocé de Melle, sa femme, — Le Brueil de Rochefort,
— lige (27 février 1389, présenté le 1ᵉʳ mars) [3];

Amaury de Dercé, — herbergement de Vieillevigne, —
lige (25 octobre 1389 ; n'appert de la présentation) [4];

Simon du Fouilloux, — harbergement de La Grimaudière et dépendances, — lige (18 mai 1376 ; n'appert de la
présentation); — 15 novembre 1454, aveu par Eliot de
l'Estang de ses Fontaines, pour les sourdis de La Grimaudière [5];

Jehan du Fouilloux, escuyer, seigneur du Fouilloux et
de Chilloux, — hostel de Laurregère et dépendances, —
lige (16 septembre 1437 ; pas de mention de la présentation) [6];

Marie Chenu, damoiselle, veuve de Aimery de Brizay,
— terre et dépendances de Masueil (1ᵉʳ août 1454, présenté
le 27 novembre suivant) [7];

Jehan Dusseau, valet, — herbergement de Langle,
paroisse de Dorsay, — lige (31 octobre 1434, présenté au
mois de novembre suivant) [8];

François de Marçay, escuyer, seigneur de La Griffon-

---

[1] Chamaillard, p. e. commune de Bertegon.

[2] La Fraigne, p. e. Le Frêne, commune de Sillars (?).

[3] Rochefort, commune de Mirebeau (Redet).

[4] Vieillevigne et Dercé, déjà désignés, voir ci-dessus.

[5] P. 330, nᵒˢ xxiii et suiv.

[6] Lauregère (?) Lorgère ou Luregère, commune d'Availle Limousine ;
— Lorgère, commune de Leigné-les-Bois (?) (Redet).

[7] Masueil, pr. Mazeuil, commune (Redet).

[8] P. e., Doussay, châtellenie relevant de Mirebeau, aujourd'hui
commune (Redet).

nière, — hostel et terre de La Griffonnière, — hommage plain (5 décembre 1463, présenté le 9) [1];

Jehanne Aguillonne, veuve de Guillaume Grimaut, — hostel Maurnay, paroisse de Masueil (15 mars 1439, présenté le 14 avril) [2];

Philippe de Villennes, veuve de Jehan de Chouppes, — Chezelles, herbergement et dépendances, — lige (28 août 1390 ; n'appert de la présentation) [3];

Jehan Giraut de la Chèze, — herbergement de La Chèze, — lige (6 février 1380 ; n'appert de la présentation) [4];

Jehan du Boueres — herbergement de Cherves et dépendances, — lige (11 juillet 1435, présenté le 12) [5];

Léonnet de Vilhe (ou Bille), — tour et herbergement de Vilhe, — lige (31 août 1385, présenté le 6 juin 1386) [6];

Jehan Daler, — herbergement de La Roche, en la ville de Cuon (mercredi avant la Saint-Clément 1881 ; n'appert de la présentation) [7];

Allez de Brizay, chevalier, — herbergement de La Roche-de-Brisay, — lige (6 août 1389, présenté le 10) [8];

Jacques de La Roche, — herbergement d'Amuere, etc. (27 juillet 1434, présenté au mois de novembre suivant) [9];

Jehan Milon, — herbergement de La Roche de Chissay, — lige (29 mars 1407, présenté le 31) ; — aveu de la terre de La Roche de Chizay, du 12 juin 1431, sans nom d'avouant ; — autre de Jean Bodin, se référant à celui de

[1] La Griffonière, commune de Cuhon.

[2] Mornay, commune de Mazeuil.

[3] Chezelles, commune de Thurageau.

[4] La Chèze (?) La Chèze, commune de Latillé, relevait de la châtellenie de Montreuil-Bonnin (Vienne).

[5] Cherves, commune.

[6] Probablement Billy, commune de Saint-Jean-de-Sauves (Redet).

[7] Cuhon, déjà nommé.

[8] La Roche-de-Brizay, communes de Coussay et Verruc (Redet, art. Brizay).

[9] Pour Amberre, commune (Redet).

Jehan Milon, d'août 1437 ; — de Jehan Robin (p. e. le même que Bodin), de février 1437 [1] ;

Gilles de la Grézille, — herbergement de La Tousche ; — herbergement du Puyraveau, — lige (8 juillet 1468, présenté le 20 septembre) [2] ;

Jehan de Brizay, seigneur de Brizay et Douçay, — seigneurie de Douçay, — lige (18 janvier 1445, présenté au cours du même mois) [3] ;

Guillaume Teffenon, à cause de sa femme, — herbergement séant à Poligné et dépendances, — lige (9 décembre 1375 ; n'appert de la présentation) [4] ;

Anne Valorie, veuve de Amérigain Capperon, chevalier, — hostel et terre de Terrefort, — lige (16 mars 1456, présenté le 18) [5] ;

Pierre de La Roche de Chizays, — herbergement à La Roche de Chizays, — lige (samedi feste de La Magdeleine 1329 ; n'appert de la présentation) [6] ;

Catherine Ouiarde, veuve de Huet Eschalart, — herbergement de Vernay et La Seiche ; village de La Roche de Chizay, — lige (6 janvier 1380 ; n'appert de la présentation) [7] ;

Guillaume de La Touraine, — terre de La Touraine, paroisse de Pois, — lige (20 octobre 1389 ; n'appert de la présentation) [8] ;

Paillé de Mayllé, sire de Breszé (Brezé), — terre et fief du Rougnon, — lige (8 février 1381 ; n'appert de la pré-

[1] La Roche-de-Chizay, commune de Saint-Jean-de-Sauves.

[2] Puyraveau, commune de Saint-Jean-de-Sauves ; — La Tousche, nom très répandu ; M. Redet ne cite pas cependant de fief de ce nom relevant de Mirebeau.

[3] Brizay, communes de Coussay et Verrue ; — Doussay, aujourd'hui commune.

[4] Poligny, commune de Chouppes, relevait de Mirebeau (Redet).

[5] Terrefort, commune de Doussay, déjà désignée.

[6] La Roche-de-Chizay. Voir ci-dessus.

[7] Vernay, commune de la Roche-de-Chizay.

[8] Poué, commune de Cuhon (Redet).

sentation, — aveu du 3 août 1389, par Païen de Maillé du même domaine)[1] ;

Guillemette Rousselle, veuve de noble homme Thomas Boylesve, — hostel de La Court, paroisse de Boussangeau, — lige (22 septembre 1470, présenté le 24)[2] ;

Olivier Grimaut, — château-fort et terre du Lison, — lige (31 mai 1441, présenté le 31)[3] ;

Bertrand de l'Estang, esc., seigneur de Ry, — hostel, fort et terre de Ry, — lige (5 janvier 1467, présenté le même jour)[4] ;

Huguet Poitevin, pour lui et ses parageurs, — herbergement de Mondon et dépendances, paroisse de Doçay, — lige (14 décembre 1382 ; n'appert de la présentation ; — autre pour la même terre, du 14 février 1444, sans nom d'avouant)[5] ;

Christophe Petit, esc., — une vieille tour et dépendances à la Grimaudière, — lige (26 mai 1444, présenté le même jour)[6] ;

Pierre Morin, esc., seigneur de La Grimaudière, — herbergement de La Grimaudière, — lige (9 février 1453 ; n'appert de la présentation) ;

Jehan de La Grézille, chevalier, — hostel de Puyraveau, — lige (jeudi avant la Saint-Michel, 1376 ; n'appert de la présentation)[7] ;

Gauvin Beslon, pour lui et ses parageurs, — hostel de Poiz et dépendances, — lige (4 novembre 1440 ; n'appert de la présentation)[8] ;

---

[1] Le Rougnon, commune de Saint Jean-de-Sauves.

[2] P. 331. IXxx IX. — Boussageau, commune réunie à Lencloitre.

[3] Le Lizon, commune de Thurageau.

[4] Ry, commune de Varennes. canton de Mirebeau.

[5] Mondon, commune de Doussay, relevait de Mirebeau.

[6] La Grimaudière, commune.

[7] Puyraveau, commune de Saint-Jean de Sauves.

[8] Pouhé, commune de Cuhon, ci-dessus désigné.

Jehan des Bruères, — son herbergement en la ville de Chervez, — lige (12 avril 1439; n'appert de la présentation)[1];

Louis Faucher, — Tour et herbergement de Meox (ou des Mées. démembrement ancien du fief de Chouppes), — lige (4 février 1408 ; n'appert de la présentation)[2];

Philippoin Vigier, à cause de Jehanne de Montlion, sa femme, — herbergement de Champeigne, — lige (samedi après quasimodo, 1381 ; n'appert de la présentation)[3];

Antoine de Crouail, esc., pour lui et ses parageurs, — hostel, forteresse, terre de La Roche de Chisoys, — lige (20 octobre 1460, présenté le 6 novembre)[4];

Tartarin de Mausson. seigneur de Mausson, — tour et herbergement de Mausson, — lige (vendredi avant Pentecoste, 1369 ; n'appert de la présentation)[5];

Aymery Poupart. valet, — herbergement de la Roche-Bernard, — lige (9 avril 1408. présenté le 25 juillet)[6];

Jehan de Marconnay, chevalier, — tour et forteresse de Marconnay et dépendances, — lige (8 mai 1438; n'appert, etc.; — autre aveu de Simon de Marconnay. du 12 juin 1459, pour la même seigneurie)[7];

Pierre Foucher, pour lui et ses parageurs, — herbergement en la ville de Craon (28 mai 1386, présenté le 11 septembre suivant)[8];

Jehan de La Roche, esc., seigneur de La Roche-Barreau,

---

[1] Chervez pour Cherves, commune déjà désignée.

[2] Chouppes, commune.

[3] Champeigne, plusieurs localités de ce nom (?).

[4] La Roche de Chizay, voir ci-dessus.

[5] Monson, commune de Journet, relevait de la baronnerie de La Trémoillle (Redet) ?

[6] La Roche-Bernard, commune de Thurageau.

[7] Marconnay, commune du Verger-sur-Dive.

[8] Craon ou Cron, canton de Moncontour (Vienne).

— Herbergement et terre de La Roche-Barreau (mardi après l'Ascencion 1354 ; n'appert, etc.)[1] ;

Guillaume Gouffier, esc., seigneur du Brueil de Rochefort, — Hostel et herbergement de Rochefort et dépendances, — lige (7 décembre 1463 ; n'appert, etc.)[2] ;

Eustache de Luains, pour lui et ses parageurs, — Hostel de La Bourrelière, — lige (8 janvier 1446, présenté le 7 août 1447)[3] ;

Jehan Tudert, licencié ès lois et maistre des requestes de l'hostel du roy, — Herbergement de La Gauchallière, paroisse de Cuon, — lige (22 novembre 1440, présenté le 24) ;

Guillaume de La Chaucée, seigneur de Bornezeaux, — Herbergement et dépendances de Bornezeaux, — lige (8 mai 1373 ; n'appert, etc.)[4] ;

Pierre de Curzay, chevalier, — Herbergement et terre du Puy et dépendances, — lige (mardi avant Pàques 1313, présenté le même jour au procureur du seigneur de Mirebeau)[5] ;

Jehan de Rouffignac, — Herbergement de Jarzais, — lige (6 février 1454, présenté le 4 mars)[6] ;

Huguet de Froges, — Herbergement de Massoignes et dépendances, — lige (samedi après la décollation de saint Jean-Baptiste 1365)[7] ;

Geoffroy Heuderry (ou Boudery), — Herbergement de Sauves, — lige (sans signature, ni date)[8] ;

---

[1] Roche Barreau, p. e. La Roche-Bourreau, commune de Massogne, qui relevait de Mirebeau (Redet) (?).

[2] Rochefort, commune de Mirebeau.

[3] La Bourrelière, commune de Cuhon, déjà nommée (Redet).

[4] Bournezeau, commune d'Amberre.

[5] P. 332, I et suivants. — Le Puy ?

[6] Jarzay, commune de Massogne.

[7] Massogne, commune.

[8] Saint-Jean-de-Sauves, déjà nommé.

Jehan Sapinaut, valet. — Terre et fief de La Ratonnière,
— lige (dimanche après le 15 août 1332; n'appert de la
présentation)[1].

*Aveux faits à Charles VIII, Louis XII, François Ier ;
— Lettres délivrées par la Chambre des comptes de
Paris*[2].

ANJOU

LIEUX DONT AVEU EST FAIT :	LIEUX DONT ILS RELÈVENT :
Challain.	Angers
Le Vergier	Baugé
Montcontour et Marne.	Saumur
Faye-la-Vineuse	—
Montsoreau	—
Tourroil (Le Thoureil).	—
Richebourg, Touroil et Molhierne.	—
Monstereul-Bellay, Fosses-Belay[3] et Gennes	—
Passavant.	—
Chastellenie, prévosté et juridiction de Saint-Generoux (27 avril 1538).	—
Fief de Montagré (à Loudun).	Loudun
Tour de Dercé, Tille[4], La Lande, La Roche-Rigault, le Haut-Molay	—
Benye[5]	—
Dercé.	—

[1] La Ratonnière, commune de Massogne.

[2] P. 348 ; n°s XV à XIX.

[3] Fosse-Belay, aujourd'hui Fosse, commune de Cizay.

[4] P. e., Tilly, commune de Dercé.

[5] Benye, p. e., Berrye, châtellenie, puis baronnie, commune de
Nueil-sur-Dive, canton des Trois-Moutiers.

Brou, Benoit, Champory [1], Candé [2] . . . . Loudun
Lourdines [3] . . . . —
Veniers [4] . . . . —

---

*TABLEAU des communes mentionnées dans la liste
ci-dessus*

COMMUNES	CANTONS	DÉPARTEMENTS
Amberre,	Mirebeau,	Vienne.
Ambillou,	Gennes,	Maine-et-Loire.
Andard,	Angers S.-E.,	Maine-et-Loire.
Angers,	chef-lieu du départ.,	Maine-et-Loire.
Antran,	Leigné-sur-Usseau,	Vienne.
Arçay,	Loudun,	Vienne.
Assay,	Richelieu,	Indre-et-Loire.
Aubigné,	Vihiers,	Maine-et-Loire.
Auberre,	Mirebeau,	Vienne.
Aunay,	Montcontour.	Vienne.
Auverse,	Noyant,	Maine-et-Loire.
Availle-Limousin,	Chef-lieu de canton,	Vienne.
Aviré,	Segré,	Maine-et-Loire.
Azé,	Beaufort-en-Vallée,	Maine-et-Loire.
Azé,	Craon,	Mayenne.
Baracé,	Durtal,	Maine-et-Loire.
Baugé,	Chef-lieu d'arrond.,	Maine-et-Loire.

[1] Brou, commune de Mouterre-Silly, ou Brou, commune de Maulay.
— Benoit (?). — Champory, commune de Glenouze.

[2] Candé, commune de Veniers.

[3] Lourdines, commune de Curçay.

[4] Veniers, commune.

Bauné,	Seiches,	Maine-et-Loire.
Beaucouzé,	Angers N.-O.,	Maine-et-Loire.
Beaupréau,	Chef-lieu de canton,	Maine-et-Loire.
Beauvau,	Seiches,	Maine-et-Loire.
Bécon,	Louroux-Béconnais,	Maine-et-Loire.
Benassay,	Vouillé,	Vienne.
Bernezay,	Les Trois-Moutiers,	Vienne.
Bertegon,	Monts-sur-Guesne,	Vienne.
Beuxe,	Loudun,	Vienne.
Blaison,	Les Ponts-de-Cé,	Maine-et-Loire.
Bocé,	Baugé,	Maine-et-Loire.
Botz,	Saint-Florent-le-Vieil,	Maine-et-Loire.
Bouillé-Ménard,	Pouancé,	Maine-et-Loire.
Bournan,	Les Trois-Moutiers,	Vienne.
Bouzillé,	Chantoceaux,	Maine-et-Loire.
Bourgneuf-en-Mauges,	Saint-Florent-le-Vieil,	Maine-et-Loire.
Brain-s.-l'Authion,	Angers S.-E.,	Maine-et-Loire.
Brigueil-le Chantre,	La Trémoille,	Vienne.
Brion,	Beaufort,	Maine-et-Loire.
Brissac,	Chef-lieu de canton,	Maine-et-Loire.
Broc,	Noyant,	Maine-et-Loire.
Bueil,	Neuvy-le-Roy,	Indre-et-Loire.
Candé,	Chef-lieu de canton,	Maine-et-Loire.
Cantenay-Épinard,	Angers N.-O.,	Maine-et-Loire.
Céaux,	Loudun,	Vienne.
Cernusson,	Vihiers,	Maine-et-Loire.
Chacé,	Saumur S..	Maine-et-Loire.
Challain-la-Potherie,	Candé,	Maine-et-Loire.
Chalais,	Loudun,	Vienne.
Chambellay,	Le Lion-d'Angers,	Maine-et-Loire.
Champigny-le-Sec,	Mirebeau,	Vienne.
Champigny-sur-Veude,	Richelieu,	Indre-et-Loire.

Chantocé,	St-Georges-s.-Loire,	Maine-et-Loire.
Chantoceaux,	Chef-lieu de canton,	Maine-et-Loire.
Chanzeaux,	Thouarcé,	Maine-et-Loire.
Charcé,	Thouarcé,	Maine-et-Loire.
Châtelais,	Segré,	Maine-et-Loire.
Château-Gontier,	Chef-lieu d'arrond.,	Mayenne.
Château-la-Valière,	Chef-lieu de canton,	Indre-et-Loire.
Châteauneuf-sur- Sarthe,	Chef-lieu de canton,	Maine-et-Loire.
Chaudron,	Montrevault,	Maine-et-Loire.
Chaumont,	Seiches,	Maine-et-Loire.
Chavaigne-l.-Eaux,	Thouarcé,	Maine-et-Loire.
Chazé-sur-Argos,	Candé,	Maine-et-Loire.
Chemellier,	Gennes,	Maine-et-Loire.
Chemiré-s.-Sarthe,	Châteauneuf,	Maine-et-Loire.
Cheneché,	Neuville,	Vienne.
Chenevelles,	Pleumartin,	Vienne.
Chenillé-Changé,	Châteauneuf-s.-Sarthe,	Maine-et-Loire.
Cherré,	Châteauneuf-s.-Sarthe,	Maine-et-Loire.
Cherves,	Mirebeau,	Vienne.
Chezelle,	Richelieu,	Indre-et-Loire.
Cholet,	Chef-lieu d'arrond.,	Maine et-Loire.
Chouppes,	Monts-sur-Guesne,	Vienne.
Cizay,	Montreuil-Bellay,	Maine-et-Loire.
Claunay,	Loudun,	Vienne.
Clermont,	La Flèche,	Sarthe.
Clisson,	Chef-lieu de canton,	Loire-Infé- rieure.
Colombiers,	Châtellerault,	Vienne.
Corzé,	Seiches,	Maine-et-Loire.
Coussay,	Monts-sur-Guesne,	Vienne.
Coussay-les-Bois,	Pleumartin,	Vienne.
Craon,	Chef-lieu de canton,	Mayenne.
Cron ou Craon,	Montcontour,	Vienne.
Cuhon,	Mirebeau,	Vienne.

Curçay,	Les Trois-Moutiers,	Vienne.
Dampierre,	Saumur (S.),	Maine-et-Loire.
Daon,	Bierné,	Mayenne.
Daumeray,	Durtal,	Maine-et-Loire.
Denezé-s.-le-Lude,	Noyant,	Maine-et-Loire.
Dercé,	Monts-sur-Guesne,	Vienne.
Distré,	Saumur (S.),	Maine-et-Loire.
Doué,	Chef-lieu de canton,	Maine-et-Loire.
Doussay,	Lencloître,	Vienne.
Drain,	Chantoceaux,	Maine-et-Loire.
Durtal,	Chef-lieu de canton,	Maine-et-Loire,
Épieds,	Montreuil-Bellay,	Maine-et-Loire.
Evrune,	Mortagne,	Vendée.
Faie,	Thouarcé,	Maine-et-Loire.
Faie-la-Vineuse,	Richelieu,	Indre-et-Loire.
Feneu,	Briolay,	Maine-et-Loire.
Fontaine-Guérin,	Beaufort,	Maine-et-Loire.
Fontaine-Milon,	Seiches,	Maine-et-Loire.
Fougeré,	Baugé,	Maine-et-Loire.
Gée,	Beaufort,	Maine-et-Loire.
Gennes,	Chef-lieu de canton,	Maine-et-Loire.
Genneteil,	Noyant,	Maine-et-Loire.
Gesté,	Beaupréau,	Maine-et-Loire.
Gizeux,	Langeais,	Indre-et-Loire.
Glenouse,	Les Trois-Moutiers,	Vienne.
Gonnord,	Thouarcé,	Maine-et-Loire.
Guémené,	Chef-lieu de canton (Pontivy),	Morbihan.
Harcourt,	Brionne (Bernay),	Eure.
Harcourt-Thuri,	Chef-lieu de canton (Falaise),	Calvados.
Ingrandes,	St.-Georges-s.-Loire,	Maine-et-Loire.
Jarzé,	Seiches,	Maine-et-Loire.
Jaulnay,	Saint-Georges,	Vienne.
Journet,	La Trémoille,	Vienne.

Jumelles,	Longué,	Maine et-Loire.
Juvardeil,	Châteauneuf-s.-Sarthe,	Maine-et-Loire.
La Chapelle Saint-Laud,	Seiches,	Maine-et-Loire.
La Chapelle-sur-Oudon,	Segré,	Maine-et-Loire.
La Chaussaire,	Montrevault,	Maine-et-Loire.
La Cornouaille,	Louroux-Béconnais,	Maine-et-Loire.
La Flèche,	Chef-lieu d'arrond.,	Sarthe.
La Grimaudière,	Montcontour,	Vienne.
La Hamelinière,	Chantoceaux,	Maine-et-Loire.
La Jumellière,	Chemillé,	Maine-et-Loire.
La Lande-Chasle,	Longué,	Maine-et-Loire.
La Pèlerine,	Noyant,	Maine-et-Loire.
La Pommeraye,	St.-Florent-le-Vieil,	Maine-et-Loire.
La Possonnière,	St.-Georges-s.-Loire,	Maine-et-Loire.
La Roche-Clermault,	Chinon,	Indre-et-Loire.
La Roche-sur-Yon,	Chef-lieu du départ.,	Vendée.
La Romagne,	Montfaucon,	Maine-et-Loire.
La Renaudière,	Montfaucon,	Maine-et-Loire.
La Salle-Aubry (ou Chapelle-Aubry,	Montrevault,	Maine-et-Loire.
La Séguinière,	Cholet,	Maine-et-Loire.
La Suze,	Chef-lieu de canton,	Sarthe.
La Tourlandry,	Chemillé,	Maine-et-Loire.
La Tour-St-Gelin,	Richelieu,	Indre-et-Loire.
La Trémoille,	Chef-lieu de canton,	Vienne.
La Varenne,	Chantoceaux,	Maine-et-Loire.
Landemont,	Chantoceaux,	Maine-et-Loire.
Lasse,	Noyant,	Maine-et-Loire.
Latillé,	Vouillé,	Vienne.
Latus,	Montmorillon,	Vienne.
Le Bourg-d'Iré,	Segré,	Maine-et-Loire.
Le Bouchet,	Monts-sur-Guesne,	Vienne.

Le Coudray-Ma-couard,	Montreuil-Bellay,	Maine-et-Loire.
Le Fougeré,	Baugé,	Maine-et-Loire.
Le Fuilet,	Montrevault,	Maine-et-Loire.
Le Gué-Deniau,	Baugé,	Maine-et-Loire.
Le Longeron,	Montfaucon,	Maine-et-Loire.
Le Marillais,	Saint-Florent-le-Vieil,	Maine-et-Loire.
Le Toureil,	Gennes,	Maine-et-Loire.
Le Verger-s.-Dive,	Montcontour,	Vienne.
Le Vieil-Baugé,	Baugé,	Maine-et-Loire.
Le Voisde,	Vihiers,	Maine-et-Loire.
Leigné-les-Bois,	Pleumartin,	Vienne.
Leigné-sur-Usseau,	Chef-lieu de canton,	Vienne.
Lencloître,	Chef-lieu de canton,	Vienne.
Lerné,	Chinon,	Indre-et-Loire.
Lésigné,	Seiches,	Maine-et-Loire.
Les Trois-Moutiers,	Chef-lieu de canton,	Vienne.
L'Hostellerie-de-Flée,	Segré,	Maine-et-Loire.
Linière-Bouton,	Noyant,	Maine-et-Loire.
Liré,	Chantoceaux,	Maine-et-Loire.
Longué,	Chef-lieu de canton,	Maine-et-Loire.
Loudun,	Chef-lieu d'arrond.	Vienne.
Marçay,	Richelieu,	Indre-et-Loire.
Marigné ou Mari-gné-sur-Daon,	Châteauneuf-s.-Sarthe,	Maine-et-Loire.
Marigny-Marmande,	Richelieu,	Indre-et-Loire.
Marne,	Airvault,	Deux-Sèvres.
Massogne,	Mirebeau,	Vienne.
Maulay,	Loudun,	Vienne.
Maulévrier,	Cholet,	Maine-et-Loire.
Mazé,	Beaufort,	Maine-et-Loire.
Mazerolles,	Lussac-les-Châteaux,	Vienne.
Mazeuil,	Montcontour,	Vienne.

Messemé,	Loudun,	Vienne.
Miré,	Châteauneuf-s.-Sarthe,	Maine-et-Loire.
Mirebeau,	Chef-lieu de canton,	Vienne.
Montcontour,	Chef-lieu de canton,	Vienne.
Montfaucon,	Chef-lieu de canton,	Maine-et-Loire.
Montigné-s.-Moyne,	Montfaucon,	Maine-et-Loire.
Montigny-les-Rairies,	Durtal,	Maine-et-Loire.
Montjean,	Saint-Florent-le-Vieil,	Maine-et-Loire.
Montmorillon,	Chef-lieu d'arrond.	Vienne.
Montreuil-Bellay,	Chef-lieu de canton,	Maine-et-Loire.
Montreuil-Bonnin,	Vouillé,	Vienne.
Montreuil-s.-Loir,	Briolay,	Maine-et-Loire.
Montrevault,	Chef-lieu de canton,	Maine-et-Loire.
Montsoreau,	Saumur (S.),	Maine-et-Loire.
Mouliherne,	Longué,	Maine-et-Loire.
Mouterre-Silly,	Loudun,	Vienne.
Murs,	Les Ponts-de-Cé.	Maine-et-Loire.
Noyant,	Chef-lieu de canton,	Maine-et-Loire.
Nueil,	Neuvy-le-Roi,	Indre-et-Loire
Nueil-sous-Faye,	Monts-sur-Guesne,	Vienne.
Neuil-s.-Passavant,	Vihiers,	Maine-et-Loire.
Neuil-sur-Dive,	Les Trois-Moutiers,	Vienne.
Nyoiseau,	Segré,	Maine-et-Loire.
Oiron,	Thouars,	Deux-Sèvres.
Orches,	Lencloître,	Vienne.
Parcé,	Noyant,	Maine-et-Loire.
Passavant,	Vihiers,	Maine-et-Loire.
Pelouailles,	Angers (N.-E.),	Maine-et-Loire.
Pontigné,	Baugé,	Maine-et-Loire.
Pouancé,	Chef-lieu de canton,	Maine-et-Loire.
Pruillé,	Le Lion-d'Angers,	Maine-et-Loire.
Puisay-le-Sec,	Chauvigny,	Vienne.
Ranton,	Les Trois-Moutiers,	Vienne.
Richelieu,	Chef-lieu de canton,	Indre-et-Loire.

Roiffé,	Les Trois-Moutiers,	Vienne.
Rossay,	Loudun,	Vienne.
Roussay,	Montfaucon,	Maine-et-Loire.
Sammarçolle (ou Saint-Marçolle),	Loudun,	Vienne.
Sarrigné,	Angers (N.-E.),	Maine-et-Loire.
Saumur,	Chef-lieu d'arrond.,	Maine-et-Loire.
Savennières,	St-Georges-s.-Loire,	Maine-et-Loire.
Savigny,	Chinon,	Indre-et-Loire.
Segré,	Chef-lieu d'arrond.,	Maine-et-Loire.
Seiches,	Chef-lieu de canton,	Maine-et-Loire.
Sermaises,	Seiches,	Maine-et-Loire.
Seuilly,	Chinon,	Indre-et-Loire.
Sillars,	Lussac-les-Chateaux,	Vienne.
Sommière,	Gençay,	Vienne.
Sossay,	Lencloitre,	Vienne.
Soulaines,	Les Ponts-de-Cé,	Maine-et-Loire.
Saint--André-de-la-Marche,	Montfaucon,	Maine-et-Loire.
Saint-Cassien,	Montcontour,	Vienne.
Saint-Christophe-des-Bois,	Cholet,	Maine-et-Loire.
Saint Christophe-la-Couperie,	Chantoceaux,	Maine-et-Loire.
Saint-Crépin-en-Mauge,	Montfaucon,	Maine-et-Loire.
St.-Cyr-en-Bourg,	Saumur (S.),	Maine-et-Loire.
Saint-Epain,	Sainte-Maure,	Indre-et-Loire.
St.-Florent-le-Vieil,	Chef-lieu de canton,	Maine-et-Loire.
Saint-Generoux,	Airvault,	Deux-Sèvres.
Saint-Genest,	Lencloitre,	Vienne.
Saint-Georges,	Poitiers,	Vienne.
Saint-Georges-du-Bois,	Beaufort,	Maine-et-Loire.
Saint-Germain,	Saint-Savin,	Vienne.

Saint-Germain-lès-Montfaucon,	Montfaucon,	Maine-et-Loire.
St.-Jean-de-Sauves.	Montcontour,	Vienne.
Saint-Lambert-des-Levées,	Saumur (N.-O.),	Maine-et-Loire.
Saint-Laurent-des-Autels,	Chantoceaux,	Maine-et-Loire.
Saint-Macaire-en-Mauges,	Montfaucon,	Maine-et-Loire.
Saint-Martin-de-la-Place,	Saumur (N.-O.),	Maine-et-Loire.
Saint-Martin-du-Fouilloux,	St.-Georges-s.-Loire,	Maine-et-Loire.
Saint-Philbert-du-Peuple,	Longué,	Maine-et-Loire.
Saint-Pierre-Maulimart,	Montrevault,	Maine-et-Loire.
Saint-Quentin,	Craon,	Mayenne.
Saint-Quentin-en-Mauges,	Montrevault,	Maine-et-Loire.
Saint-Sauveur,	Châtellerault,	Vienne.
Saint-Sauveur-de-Landemont,	Chantoceaux,	Maine-et Loire.
Saint-Sylvain,	Angers (N.-E.),	Maine-et-Loire.
Sainte-Foy-de-Montgommery,	Livarot, arrond. de Lisieux,	Calvados.
Sainte-Gemmes-sur-Loire,	Les Ponts-de-Cé,	Maine-et-Loire.
Sainte-Maure,	Chef-lieu de canton,	Indre-et-Loire.
Tancarville,	Saint-Romain (arrondissement du Havre,	Seine-Inférieure.
Ternay,	Les Trois-Moutiers,	Vienne.
Thouarcé,	Chef-lieu de canton,	Maine-et-Loire.
Thurageau,	Mirebeau,	Vienne.

Tilliers,	Montfaucon,	Maine-et-Loire.
Torfou,	Montfaucon,	Maine-et-Loire.
Trèves-Cunault,	Gennes,	Maine-et-Loire.
Varennes,	Mirebeau,	Vienne.
Vellèche,	Leigné-sur-Usseau,	Vienne.
Veniers,	Loudun,	Vienne.
Vernantes,	Longué,	Maine-et-Loire.
Vernoil-le-Fourrier,	Longué,	Maine-et-Loire.
Verrue,	Monts-sur-Guesne,	Vienne.
Vezins,	Cholet,	Maine-et-Loire.
Vicq,	Pleumartin,	Vienne.
Vieil-Baugé,	Baugé,	Maine-et-Loire.
Vihiers,	Chef-lieu de canton,	Maine-et-Loire.
Voulon,	Couhé,	Vienne.
Vouzailles,	Mirebeau,	Vienne.